好习惯

所谓好习惯，就是会自律

默声 编著

应急管理出版社
·北 京·

图书在版编目（CIP）数据

好习惯：所谓好习惯，就是会自律／默声编著．--北京：应急管理出版社，2019

ISBN 978-7-5020-7735-8

Ⅰ．①好…　Ⅱ．①默…　Ⅲ．①自律—通俗读物　Ⅳ．①C933.41-49

中国版本图书馆 CIP 数据核字(2019)第 246258 号

好习惯——所谓好习惯，就是会自律

编　　著　默　声
责任编辑　高红勤
封面设计　刘　霄

出版发行　应急管理出版社（北京市朝阳区芍药居 35 号　100029）
电　　话　010-84657898（总编室）　010-84657880（读者服务部）
网　　址　www.cciph.com.cn
印　　刷　北京温林源印刷有限公司
经　　销　全国新华书店

开　　本　880mm×1230mm 1/32　**印张**　8 1/2　**字数**　150 千字
版　　次　2019 年 12 月第 1 版　2019 年 12 月第 1 次印刷
社内编号　20192858　**定价**　35.00 元

前言

自律是什么，自律是掌握良好习惯后的一种产物。当你具备许多良好的习惯后，也就形成了自律，有这样几句话：

播下一个行动，你将收获一种习惯；

播下一种习惯，你将收获一种性格；

播下一种性格，你将收获一种命运。

习惯是怎么回事？习惯究竟能不能改？习惯左右成败，这里面隐藏着人类本能的秘诀。

对于任何事情，习惯起着至关重要的作用。好习惯造就了多少辉煌的成果，而坏习惯又毁掉了多少美好的人生！习惯一旦形成，就极具稳定性，心理上的习惯左右着我们的思维方式，决定着我们的待人接物；生理上的习惯左右着我们的行为方式，决定着我们的生活起居。日常的生活本身就是习惯的反复应用，一个人在做事时往往都会按照自己习惯的方式进行，那么，如果他所持有的习惯是好的，自然就会收获好的结果，反之，如果他所持有的习惯是坏的，最终收获的结果往往只能是失败。所以，看似一个微不足道的小习惯，它往往会决定人的成败。

培根说：“习惯是人生的主宰。”的确如此。良好的习惯，对个人的成长和发展有着极大的好处。不良的习惯，则像一个个黑洞，最终将我们吞噬。

古今中外，许多成功人士之所以可以创下令人难以企及的业绩，并非他的智商过人，而是因为他本身具有许多良好的习惯，而这，便成为他们攀登成功之巅的助推器。

美国总统罗斯福曾经说过：“只有通过实践锻炼，人们才能够真正获得自制力。也只有依靠惯性和反复的自我控制训练，我们的神经才有可能得到完全的控制。从反复努力和反复训练意志的角度上而言，自制力的培养在很大程度上就是一种习惯的形成。”正是因为形成了良好的生活习惯，所以罗斯福才成为美国历史上一位著名的总统。

相反，如果不能克服自身的一些坏习惯，那么它定会成为成功路上的障碍。因此，我们必须严格要求自己，努力培养好的习惯，杜绝坏习惯。不要小看一个微小的动作，因为它很可能造成严重的后果。

目录

01 内在成长：好的成长是认知升级

02 自我管理：自律从自我管控开始

03 掌控习惯：好习惯让自控力升级

04 拒绝拖延：自律让成功不再等明天

05 高效执行：自律人人都想，只有少数人做到

06 时间管理：时间在哪里，哪里就有成功

哪怕对自己一点小小的克制，
也会使人变得强而有力。

[高尔基]

01

内在成长：好的成长是认知升级

1

人类被赋予了一种工作，那就是精神的成长。

——列夫 · 托尔斯泰

好的人生是设计出来的

生命当自主，一个永远遵从别人意志的人，享受不到创造之果的甘甜。自主是创新的催化剂。人生的悲哀，莫过于别人替自己选择，结果成为被别人操纵的机器，从而失去自我。

自己的人生路究竟该由谁来设计？

因为我们活在这个世界上并不是一个孤立的个体，我们身边有很多跟自己有关系的人：父母、亲人、老师、同学、朋友，他们关心着我们，爱护着我们，所以很多时候，我们无法完全按照自己的想法来做事、来生活，我们还要考虑他们的感受、他们的幸福。于是，我们遵从着心中做人的准则，遵从着忍让谦和的理念，把自己的想法深深埋在心里，按照别人的意思设计我们自己的人生路。

小时候，我们把自己的一些大事都交给父母决定，因为我们希望认同自己的父母，把父母视为心中的楷模，而父母也常根据孩子能否接受他们的价值观来奖励或惩罚他们。

直到长大了，我们有权利、有力量选择自己的人生时，我们的一些重大决定还是会受到家庭和朋友的影响，有时候我们甚至没有了自主的权利。作为一个有能力负责任的人来说，我们更应该遵从家庭的意愿而不是我们自己的意愿，因为我们心中懂得了让家人幸福是我们不可推卸的责任。小时候，妈妈说我是个很听话的孩子，其实我并不是真的愿意听她的话，只是因为知道妈妈的艰辛，不忍惹她生气。她叫我好好念书，我就每次都把奖状领回家；她叫我不要出去玩，我就乖乖地待在家里……长大了，妈妈说我没有以前听话了，其实并不是不再顾及她的感受，只是因为有了不同于她的人生观。

成功者总是自主性极强的人，他们总是自己担负起生命的责任，而决不会让别人驾驭自己。他们懂得必须坚持原则，同时也要有灵活运转的策略。他们善于把握时机，摸准“气候”，适时适度、有理有节。如有时需要

“该出手时就出手”，积极奋进；有时则需稍敛锋芒，缩紧拳头，静观事态；有时需要针锋相对，有时又需要互助友爱；有时需要融入群体，有时又需要潜心独处；有时需要紧张工作，有时又需要放松休闲；有时需要抗衡，有时又需要果断退兵；有时需要陈述已见，有时又需要沉默以对；有时要善握良机，有时又需要静心守候。人生中，有许多既对立又统一的东西，能辩证待之，方能取得人生的主动权。

我们只有自己掌握前进的方向，才能把握住自己的目标，才能让我们的目标得以实现。当然，在这个过程中，我们必须学会独立思考，坚持己见。只有我们有了自己的主见，我们才会懂得自己解决自己的问题。所以说，我们活着，就不应该相信有什么救世主，不应该信奉什么神仙和上帝，只有我们自己才能拯救自己，只有我们不断完善我们自己的品质，我们才会有所作为，才会成为一个对社会有所贡献的人。

我们只有完善自我品质，才能傲立于世，才能不断开拓自己的新领域，才能得到他人的认同。我们只有完善自我品质，才能驾驭自己的命运，才能控制自己的情感、规范自己的行为，分配好自己的时间和精力。另外，我们要自主地对待求学、就业、择友，这是成功的要义。只有我们做到这一切，才能克服依赖性，才不会处于任人摆布的境地，才不会让别人推着前行。

有一位妻子忙着在厨房做饭，忽然发现没有火腿了，于是她叫丈夫到商店买火腿。回来后，妻子发现火腿的末端还在上面，于是妻子就问他为什么不叫肉贩把火腿末端切下来。丈夫反问他太太为什么要把末端切下来。她说她母亲就是这么做的，这就是理由。这时，岳母正好来访，他们就问她为什么总是切下火腿的末端，母亲回答说她母亲也是这样。然后母亲、女儿、女婿就决定去拜访外祖母，来解决这个困惑三代的神秘之谜。外祖母很快地回答说，她所以切下末端是因为当时的红烧烤炉太小，无法烤出整只火腿。

许多人也犯了同样的错误，他们总是觉得长辈或多数人采取相同的行动肯定万无一失，却不知道别人这样做的理由。他们遵循既定的方法与步骤，就是因为“大家都是那样做的”。

吃自己的饭，走自己的路，做自己的事，何必凡事都跟别人一样呢，保持自己的特性不可以吗？

人若失去自己，则是天下最大的不幸；而失去自主，则是人生最大的陷阱。赤橙黄绿青蓝紫，你应该有自己的一方天地和独有的色彩。相信自己，创造自己，永远比证明自己重要得多。你无疑要在骚动的、多变的世界面前，打出“自己的牌”，勇敢地亮出你自己。你该像星星、闪电、像出巢的飞鸟，果断地、毫不顾忌地向世人宣告并展示你的能力、你的风采、你的气度、你的才智。

不做思想的主人，就会沦为习惯的奴隶

许多人都懂得要做思想的主人但遇到具体问题时就总是知难而退："控制情绪实在是太难了"，言下之意就是："我是无法控制情绪的"。别小看这些自我否定的话，这是一种严重的不良暗示，它真的可以毁灭你的意志，丧失战胜自我的决心。

工作在人的一生中不但占据着重要位置，而且占有很多时间。如何看待工作，这是每个人必须要面对的问题，而对这个问题的认识和处理是否得当，将对一个人的人生产生重大影响。

从我们踏入社会做第一份工作起，每天有三分之一的时间在工作；一直到退休，大概有35年的时间，有些人

甚至时间更长。如果以平均寿命70岁计算，35年占到了整个生命的一半时间，而且这35年是我们一生中最美好的年华：包括了最富激情、最具创造力的青春岁月和春华秋实、成熟练达的中年时光。

我国著名的物理学家华罗庚教授是个喜欢熬夜的人，在寂静的晚上他的思维会更加活跃。有一天深夜，他去实验室拿东西，进去以后他看见有个学生仍在实验台前工作。

教授关心地问道："这么晚了，你在做什么？"

这位学生回答："我在工作。"

学生期望着教授对他勤奋表现的赞许。

可是教授接下来竟然问道："那你白天做什么了？"

"我也在工作啊！"学生不知道教授为何如此问他。

"那么，你整天都在工作吗？"

"是的，老师。"

而教授却顿了一下，说："你很勤奋，你的精神是可嘉的。但我想提醒你的是，你有没有时间来思考呢？"

一句话说得这位学生顿时无语，良久，他才低下头喃喃地说："我只顾埋头苦干，却忘了思考才是更重要的。"

思考是行动的灯塔。思考就像播种，行动好比果实，播种愈勤，收获也愈丰。没有经过思考而进行的行动只能是鲁莽行事，而经过深思熟虑之后进行的行动才是真正可行的举动。一次深思熟虑，胜过百次草率行动。一天周到的思考，胜过百天无谓的徒劳。而遇事不懂得思考的人往往会走弯路，甚至走向歧途，人失去了思考就如同水断了源头，最后就会枯竭。

下面这个例子就很好地说明了不善于思考的严重后果。

这个故事发生在一处紧邻原始森林的一个小村庄，有一户人家的太太因难产而死，留下一个孩子。这家的男主人因为忙于生活，无暇照看孩子。他听说别的地方有只狗聪明到能照顾小孩，甚至给孩子喂奶、保护孩子，于是这个男主人千方百计花高价把这个狗买了过来，专门照顾自己的孩子。这只狗真的很聪明，而且极通人性，把孩子照顾得比人还要好。因此主人极其疼爱这只狗。

有一天，主人出了远门，第二天因为大雪没能回家，他想狗在家里照顾孩子就很放心。结果第二天赶回家时，他没有见到狗像往常那样立刻叫着出来迎接主人，他感到有什么事情发生了。他把房门打开一看，到处是血，孩子不见了，床上满是血，狗也浑身是血。主人发现这种情形，以为狗兽性发作，把孩子吃掉了。他懊恼至极，狂怒之下，拿起刀来向着狗头一劈，把狗杀死了。

随后，他突然听到孩子的哭声，孩子正从床底向外爬，于是他抱起孩子看，虽然身上有血，但并未受伤。他很奇怪，不知究竟是怎么一回事，再看看狗身上浑身是伤，屁股上、腿上的肉都缺了几块，床底下有一只死狼，口里还咬着狗的肉。原来，狗救了小主人，却被主人误杀。

之后，男主人十分痛心，他想不到自己一时的大意竟然错杀了自己的爱狗。为了表达对这只忠诚的狗的怀念，他在狗的墓碑上刻下了这么一行字："只有思考不会让你失去更多。"

都说狗是很通人性的动物，但是这种情况下竟然死在人的手里，实在是一种悲哀。但是，我们在惋惜这只懂事的狗时，好像更应该清楚悲剧的根源所在，那就是男主人没有动脑子思考，在鲁莽的情况下犯了永不可挽回的错误。

爱因斯坦说："要善于思考、思考、再思考，我就是靠这个学习方法成为科学家的。"许多科学家之所以能够发明创造出新的东西，就在于他们懂得思考的重要性，并在实际行动中时时不忘记思考。

学习离不开思考，创造发明更是离不开思考，没有思考，世界就不会诞生爱迪生等伟大的发明家，世界也不会因他们的发明而走向更加文明发达的时代。

相传，古希腊的佛里几亚国王葛第士在战车的轱辘上打了一串结，之后预言:谁能打开这个结，就可以征服亚洲。人们不知道国王到底有何用意，因此谁也不敢去打开，而且看那疙疙瘩瘩的结，人们都觉得很难打开。直到公元前334年，还没有一个人能够成功地将绳结打开。这时，亚历山大率军入侵小亚细亚，他听说有国王有一个绳结任何人都不曾打开，于是他来到葛第士绳结之前，看到这个结确实打得很不寻常，但是他转念一想，便有了办法，他拔剑砍断了绳结——国王没有说这样不算是打开了绳结。后来，他果然一举占领了比希腊大50倍的波斯帝国。

可以讲，许多有意义的构想和计划都是出自思考，而且思考得越多，收益就会越大。一个不善于思考难题的人，会遇到许多取舍不定的问题；相反，正确的思考能产生巨大作用，可以决定一个人应该采取什么样的行动。

思考，使我们从迷茫中走出，让我们在困境中寻找更好的解决方法，使我们变得聪明起来，教我们如何调整自己，如何趋利避害，如何发现机遇，找到出路，使我们减少盲目行动，使我们具有先见之明。因此每个人都要养成积极思考的习惯，因为，只有深思熟虑，才能胸有成竹。

有位记者曾经问比尔·盖茨："你成为当今世界首

富，你成功的秘诀是什么？”

比尔·盖茨明确地回答：“思考，时刻不忘记思考。”

眼界决定境界，格局决定结局

人生最伟大的问题之一就是如何塑造一个最好的“我”。我们知道，如何塑造一个最好的“我”大多数跟自己的性格有关。而各种性格似乎总是在不断地发生冲突。我们一生中有许多的困难和麻烦都是性格问题，因而人们不能彼此和睦相处。家庭破裂、友谊中断，出现不计其数的就业难题，很多都是因为性格的冲突。

我们如何才能塑造一个最好的自我呢？那就是我们要清除思想中的垃圾。换言之就是，你要清点以下你思想中的这11种垃圾。

第1种：没有目标，缺乏动力，生活浑浑噩噩，有如大海扁舟；

第2种：愤世嫉俗，认为人性丑恶，时常与人为忤，因此缺乏人和；

第3种：缺乏恒心，不晓自律，懒散不振，时时替自己制造借口逃避责任；

第4种：心存侥幸，空想收获，不愿付出，只求不劳而获；

第5种：固执己见，不能容人，没有信誉，社会关系不佳；

第6种：自卑懦弱，自我压缩，不敢信任本身潜能，不肯相信自己的智慧；

第7种：或挥霍无度，或吝啬贪婪，对金钱没有正确的看法；

第8种：自大虚荣，清高傲慢，喜欢操纵别人，嗜好权力游戏，不能与人分享；

第9种：虚伪奸诈，不守信用，以欺骗他人为能事，以蒙蔽别人为雅好；

第10种：过分谨慎，时常拖延，不能自我确定，不敢当机立断；

第11种：恐惧失败，害怕丢脸，不敢面对挑战，稍有挫折即退缩。

千万别小看这11种思想垃圾，它会限制你的潜能，将你的生活、事业搅得一塌糊涂。不但如此，消极心态会使人看不到将来的希望，进而激发不出动力，甚至会摧毁人们的信心，使希望泯灭。消极心态就像一剂慢性毒药，吃了这服药的人会慢慢地变得意志消沉，失去任何动力，而成功就会越来越远。

消极心态者不但想到外部世界最坏的一面，而且想到自己最坏的一面，他们不敢企求，所以往往收获很少。遇到一个新观念，他们的反应往往是："这是行不通的，从前没有这么干过。没有这主意不也过得很好吗？这风险冒不得，现在这条件还不成熟，这并非我们的责任。"

美国哲学家爱默生说："人的一生正如他一天中所设想的那样，你怎样想象，怎样期待，就有怎样的人生。"我们必须经常让自己保持朝气蓬勃而富有创造力的心态。如果你想节食，那就别存着不会成功的心态，因为这种心态只会使你丧气、使你烦恼。唯有处在决心要发挥潜能的心态，你才会真正地发挥潜能。如果你希望在工作上有很好的表现，希望能力更充分展现，那就看你当时所处的心态。如果是处在极佳的心态，哪怕是平常不认为自己有多大能力，但那时所表现出来的可能会让大家大吃一惊。

那些记单词有困难的人，不是他们的记忆力不好。事实上，他们记单词之所以有困难，一来是他们的注意力不集中，二来是他们的心智和情绪心态不稳定。这种人每当他们看过一些字没多久便忘了，虽然这种现象并非每次如此。不过当他们处在积极心态时，就能很清楚地记住所见过的单词。如果你改变他们消极心态后，他们记单词的能力就会有很大提高。

没错，人与人之间成功与失败的巨大反差，心态起了很大的作用。以下几个建议可以让我们学习如何使自己拥有积极的心态。

- 要心怀必胜、积极的想法；
- 用美好的感觉、信心和目标去影响别人；
- 使你遇到的每一个人都感到自己重要、被需要；
- 心存感激；
- 学会称赞别人；
- 学会微笑；
- 到处寻找最佳新观念；
- 放弃鸡毛蒜皮的小事；
- 培养一种奉献精神；

●永远也不要消极地认为什么事都是不可能的。

听音乐是一个能很快改变心态的好方法，因为轻松愉快的旋律可使你精神处于放松状态。看书可能也是一个能让你觉得愉悦的方法，因为它能使你集中注意力，同时也可以教你一些有启发性的东西，很可能马上用在你的身上。循着这种思路来考虑，你会找到许多会使你觉得愉快的方法。如出门旅游、游泳池嬉水、参加一次舞会、看一部喜剧电影、找人下棋、听听有教育意义的录音带、洗个澡、与家人共进晚餐和聊天、搂搂孩子跟老婆温存一下、找朋友谈天说地一番、独自一个人想些新点子或新观念等。这些都是各位可以做的，当然你可能还有一些新的方法，不妨来一个各取所好，只要他们能给你带来愉快的感觉，只要他们能帮助你开发成功潜能。

美国赫赫有名的钢铁大王安德鲁·卡内基就是一个能充分发挥自己创造潜能的楷模。他12岁时由苏格兰移居美国，最初在一家纺织厂当工人，当时，他的目标是“决心做全工厂最出色的工人”。因为他经常这样想，也是这样做的，最后果真成为全工厂最优秀的工人。后来命运又安排他当邮递员，他想的是怎样“做全美最杰出的邮递员”。结果他的这一目标也实现了。他的一生总是根据自己所处的环境和地位塑造最佳的自己，他的座右铭就是：“做一个最好的自己。”

法国文艺复兴时期的作家拉伯雷说过这样一段话：“人生在世，各自的脖子上扛着一个褡子：前面装的是别人的过错和丑事，所以经常摆在自己眼前，看得清清楚楚；背后装的是自己的过错和丑事，所以自己从来看不见，也不理会。”拉伯雷的话，一针见血地指出了世人的通病。反省一下我们自己，是不是也是如此呢？只有我们看到自己的缺点，不断地加以改变，我们才能对自己的生活有所改变。只有我们去努力、去奋斗、去实践和无止境地追求，我们才能进入幸福殿堂的大门。

所有的自我约束，都是对自己负责

面对家人时，我们是他们的亲人，所以，我们有爱护他们的责任；面对朋友时，我们是他们的友人，所以，我们有信赖他们的责任。在这一生中，我们会遇到很多人，很多事，同样也担负着很多责任，但我们必须首先要面对自己，对自己负责，承担我们的责任。

我们活在世上，不免要承担各种责任，小至对家庭、亲戚、朋友、对自己的职务，大至对国家和社会，这些责任多半是应该承担的。不过，我们不要忘记，除此之外，我们还有一项根本的责任，便是对自己负责。

每个人在世上都只有活一次的机会，没有任何人能够代替自己重新活一次，如果这唯一的一次人生虚度了，也没有任何人能够真正安慰他。认识到这一点，我们对自己的人生怎么能不产生强烈的责任心呢？在某种意义上，人世间各种其他的责任都是可以分担或转让的，唯有对自己的责任，每个人都只能完全由自己来承担。

不止如此，我还要说，对自己的人生的责任心是其余一切责任心的根源。一个人唯有对自己的人生负责，建立了真正属于自己的人生目标和生活信念，他才可能由此出发，自觉地选择和承担起对他人和社会的责任。正如歌德所说："责任就是对自己要去做的事情有一种爱。"因为这种爱，所以尽责本身就成了生命意义的一种实现，就能从中获得心灵的满足。而不能对自己的人生负责的人，你永远都不要期望他会对别人负责。

大学期间，我曾亲眼看见过一个对自己不负责任的男同学给家人造成的心灵伤害。那时正是非典横行的时期，学校三令五申，不允许学生私自在外租房居住。可是，那个男同学对这一禁令置若罔闻，私自租住在一个单间房内，并多次向家里要钱，说是为自己学习想买一台电脑。家人为了满足这个独苗的需要，节衣缩食给他寄了一笔钱过去。可没有几天，他却因煤气中毒死在那间小屋里。当年迈的父母赶到学校的时候，见到的已经是儿子冰冷的遗体。当时，他的父母声嘶力竭，满脸的沧桑悲苦深深地敲击着每一个人的心，尽管有同学们的搀扶，他们却无法站立。风中，那缕缕白发在空中随风飘摇，没有一丝希望的表象。他对自己的不负责任，引发的是家人的痛不欲生。从做人的角度而言，他不是一个合格的人。

一个不知对自己的人生负责的人，他无法弄清他在世界上的责任是什么。有人向托尔斯泰请教：为了尽到对人类的责任，应该做些什么。托尔斯泰听了非常反感。因此说，人们为之受苦的巨大灾难就在于没有自己的信念，却偏要做出按照某种信念生活的样子。当然，这样的信念只能是空洞的，这是一种情况。更常见的情况是，许多人对责任的关系确实是完全被动的，他们之所以把一些做法视为自己的责任，不是出于自觉的选择，而是由于习惯、时尚、舆论等原因。譬如说，有的人把偶然得到却又长期从事的一种职业当作了自己的责任，从不尝试去拥有真正适合自己本性的事业；有的人看见别人发财和挥霍，便觉得自己也有责任拼命挣钱花钱；有的人十分看重别人尤其是上司对自己的评价，谨小慎微地为评价而活着。由于他们不曾认真地想过自己的人生使命究竟是什么，在责任问题上也就必然是盲目的了。

所以，我们活在世上，必须要知道自己究竟想要什么。一个人认清了他在这世界上要做的事情，并且在认真地做着这些事情，他就会获得一种内在的平静和充实。他知道自己的责任之所在，因而关于责任的种种虚假观念都不能使他动摇了。我还相信，如果一个人能对自己的人生负责，那么，在包括婚姻和家庭在内的一切社会关系上，他对自己的行为都会有一种负责的态度。如果一个社会是由对自己的人生负责的成员组成的，这个社会就必定是一个和谐安宁的社会。

你有多自律，就有多自由

生需要规划，正如钱财需要打理。没有规划的人生就像没有目标的船，不论哪个方向的风，对他来说都是逆风。花谢了还会开，但人生不会从来，人活一世首先要对得起自己。所以，我们要有正确的定位，规划自己的人生。

伟大的人与平凡的人之间的差别在于：是否有人生规划和奋斗目标。

戴尔·卡耐基曾对世界上一万个不同年龄、不同种族的人进行人生目标的调查。发现只有3%的人能够明确目标，并知道怎样落实，而另外97%的人要么根本没有目标或不明确，要么就是不知道怎样去实现。几年后，他又针对上述对象再次调查，结果令人吃惊：原97%范围内的人，除了年龄增长外，在生活、工作、个人成就上几乎没有太大的起色，而原来目标明确的3%却在各自的领域里都相当地成功，且10年前提出的目标都不同程度地实现了，并还在按原定的人生目标走下去。

为什么97%的人会一生碌碌无为呢？那些平庸的人并不是他们的大脑不够聪明，也不是客观条件太差，而是因为他们没有对自己进行人生规划，没有目标。没有目标，不可能发生任何事情，也不可能采取任何行动。如果一个人没有目标，就只能在人生的旅途上徘徊，永远到不了任何地方。

爱因斯坦说：“我们一来到世间，社会就在我们面前树起了一个巨大的问号，你怎么度过自己的一生？我从来不把安逸和享乐看作是生活目的本身。”人活在世上匆匆几十年，我们应该意识到生命的短暂性和有限性，有种时不待我的危机感、紧迫感，学会对自己负责，做自己思想的主人，树立远大的人生目标，并为之不懈地努力奋斗，发挥自己的潜能，实现自己的人生价值。

古语云：“凡事预则立，不预则废。”做任何事情都要提前计划，否则将会埋头乱撞，找不到出路，所以制定一份好的人生规划就显得尤为重要。人生规划是指个人和组织相结合，在对一个人职业生涯的主客观条件进行测定、分析、总结研究的基础上，对自己的兴趣、爱好、能力、特长、经历及不足等各方面进行综合分析与权衡，结合时代特点，根据自己的爱好倾向，确定最佳的人生奋斗目标，并为实现这一目标做出行之有效的安排。

人生需要规划，没有规划的习惯，只能使自己过着碌碌无为的平庸生活或安于现状随波逐流，更谈不上实现人生的理想价值，完成人生的使命。没有规划的人生，就像是没有目标和计划的航行，燃料完了，陷在太平洋喊救命。而善于规划人生的人，就会有为之奋斗的目标，只要朝着目标不断地奋斗，终会有成功的一天。所以，我们必须有“我的人生我做主”“我的一生我设计规划”的意识。

40多年前，有一个10多岁的穷小子，他自小生长在贫民窟里，身体非常瘦弱，却立志长大后要做美国总统。如何实现这样的抱负呢？年纪轻轻的他，经过几天几夜的思索，拟定了下面这样一个人生规划：

做美国总统首先要做美国州长——要竞选州长必须得到雄厚的财力支持——要获得财团的支持就一定得融入财团——要融入财团就需要娶一位豪门千金——要娶一位豪门千金必须成为名人——成为名人的快速方法就是做电影

明星——做电影明星前得练好身体，练出阳刚之气。

按照这样的思路，他开始步步为营。一天，当他看到著名的体操运动主席库尔后，他相信练健美是强身健体的好办法，因而有了练健美的兴趣。他开始刻苦而持之以恒地练习健美，他渴望成为世界上最结实的男人。3年后，凭着发达的肌肉和健壮的体格，他开始成为健美先生。

在以后的几年中，他成了欧洲乃至世界健美先生。22岁时，他进入了美国好莱坞。在好莱坞，他花了10年时间，利用自己在体育方面的成就，一心塑造坚强不屈、百折不挠的硬汉形象。终于，他在演艺界声名鹊起。当他的电影事业如日中天时，女友的家庭在他们相恋九年后，终于接纳了他这位“黑脸庄稼人”。他的女友就是赫赫有名的肯尼迪总统的侄女。

婚姻生活过了十几个春秋，他与太太生育了4个孩子，建立了一个“五好”家庭。2003年，年逾57岁的他，退出了影坛，转而从政，并成功地竞选成为美国加州州长。

他就是阿诺德·施瓦辛格，他的经历让人们记住了这样一句话：成功的人生，需要自己去经营，让我们赶快行动，现在就为自己的人生做好规划，为人生点亮一盏明灯，赢在人生起跑点上。

人生的败者大多是因为心中没有理想抱负，没有对自己进行规划。他们的一生都在忙于解决昨天的事情，他们的身心从未达到过自我解放，从未做过给自己以人身自由的规划。即使在最自由的社会里，他们也不敢决定自己的人生如何度过。他们去工作是为了看看世上又发生了什么事情。他们宝贵的时间和精力，都浪费在观看别人如何规划人生之路，实现自己的目标上了。

还有一部分人是对人生规划的认识不够，不知道人生规划的重要性，更谈不上思考如何规划自己的人生以及缺乏进行规划的具体技巧，所以他们对人生规划或冷眼相对，或茫然无从。即使给自己规划了，也使规划流于形式，或不顾主客观条件任意随兴致来“规划”，这都是由于没有认识到人生规划的重要性。尤其是刚毕业的大学生，以前对自己的学习生涯没有规划好，现在在工作岗位上也没对自己的职业生涯进行规划，工作上表现得平平淡淡，不知如何有效地实现自己的目标。

我有个同学叫杨刚，他上中学的时候迷上文学，幻想着做个李白、杜甫或白居易那样的大诗人，但天资平平。高中毕业时，全国经济潮涌而上，同学们大多报考的是财经金融类的专业，他也不例外，学的是财经，但他最讨厌算账，学得一塌糊涂。毕业时才发现除了雄心壮志和一堆所谓兴趣爱好外一无所长，最后在老师的极力帮助下，找到一份还算不错的工作。

后来我们在一个城市工作，我曾劝杨刚该给自己做做规划，无论收入多少每月都存点钱，积累几年也可以交房屋首付了，他不听，他认为自己年轻，只要抓住一个机会，一套别墅都买得回来。在这种追求暴富的心态下，他的职业发展起起伏伏，变动无常，10年过去了，杨刚的收入与10年前一样，还是在租房子住，银行存款等于零。眼看着身边的同学一个个的买房、买车、结婚生子，过上美好的生活。杨刚开始着急了，他十分懊悔：如果早点给自己做个规划，按月储蓄，房子早就到手了。

杨刚变成现在的样子，有一个重要的原因，就是没有人生规划！没有规划就像在大海里航行没有帆，永远到达不了胜利的码头。杨刚所度过的一生是无意义无目标无规划的人生，他只是日复一日、年复一年地打发光阴，除了一天比一天更老外，什么变化也看不到；他在自己所建造的牢房里迷惘、焦躁。

美好、成功的人生离不开规划，下面这份来自美国哈佛的调查报告很好地说明了这一点。

有一年，一群意气风发的天之骄子从美国哈佛大学毕业了，他们的智力、学历、条件都相差无几，他们即将开始穿越各自的玉米地。在临出校门时，哈佛对他们进行了一次关于人生目标的调查，结果是这样的：27%的人，没有人生规划；60%的人，规划模糊；10%的人，有清晰但比较短期的规划；3%的人，有清晰而长远的规划。

在25年后，哈佛再次对这群学生进行了跟踪调查，结果是这样的：3%的人，25年间他们朝着一个方向不懈努力，几乎都成为社会各界的成功人士，其中不乏行业领袖、社会精英；10%的人，他们的短期目标不断地实现，成为各个领域中的专业人士，大都生活在社会的中上层；60%的人，他们安稳地生活与工作，但都没有什么特别成绩，几乎都生活在社会的中下层；剩下的27%的人，他们的生活没有目标，过得很不如意，并且常常在抱怨他人、抱怨社会、抱怨“不肯给他们机会”的世界。

其实，刚毕业时他们有着同样的学历，相差无几的能力，是什么造成了在25年后他们之间这么大的差距呢？那就是人生规划。可见，没有人生规划是多么地可怕呀！人生如大海航行，人生规划就是人生的基本航线，有了航线，我们就不会偏离目标，更不会迷失方向，才能更加顺利和快速地驶向成功的彼岸。

严以律己，宽以待人

世界上最宽阔的东西是海洋，比海洋更宽阔的东西是天空，比天空更宽阔的是人的胸怀。

一个人只有学会宽容，才有包容万物的气度，他的胸怀便如大海般宽广，任波浪滔天，一切尽在掌握之中。宽容是每个成大事的人所必须具有的素质，他可以吸收所有人的力量而为我所用，他可以集合所有人的智慧铸就自己的辉煌。

拿破仑在长期的军旅生涯中养成了宽容他人的美德。

作为全军的统帅，少不了训斥部下，但他每次都能照顾到士兵的情绪。他对士兵的这种尊重，也使整个军队更加团结，手下的将领也更愿意为他卖命，而这种凝聚力也让他的军队成为一支攻无不克、战无不胜的劲旅。

在一次战斗中，拿破仑夜间巡岗时发现一名巡岗士兵倚着旁边的大树睡着了。他并没有责骂他，也没有将他叫醒，而是拿起他的枪替他站起了岗。士兵醒来后见到主帅，心中十分恐慌，急忙向拿破仑请罪，但拿破仑却很和蔼地对他说："你们作战很辛苦，又走了那么远的路，打瞌睡是可以原谅的，但是目前一疏忽就有可能送了你的小命，我不困，所以替你站了一会儿，但下次一定要小心。"

正是因为拿破仑的这种宽容，让他在士兵中树立了很高的威信，所以他的士兵才可以横扫欧洲，建立了法兰西帝国。

宽容是一种开朗，是一种心智极高的修养，也是一种理念，一种至高的精神境界，说到底是对待人世的一种态度。苏东坡一生颠沛流离，也是"卒然临之而不惊，无故加之而不怒"。

凡是宽容的人都比较乐观豁达，他们对一些事情能够看得开，想得远，还能够理解别人的不同意见，即尊重别人的不同想法，从不把自己的观点强加于人。从不是那种“顺我者昌，逆我者亡”的极端个人主义。宽容的人能够给予别人思考和表达见解的权利，宽容带给我们的是和谐和进步。

一个人要想成功，不能只想着自己，只顾及自己的感受，应该站在别人的角度来进行换位思考，从不同角度多为别人着想，别人也会将心比心，一旦你有需要也会得到他们的支持，成功也会慢慢走近你。

有一位哲人说过：宽容和忍让的痛苦，能换来甜蜜的结果。能否原谅曾经反对过自己的人，是能否做到成功用人的一个重要方面。对于现代的领导者来说，要想吸引能人，做到成功用人，就必须要有宽大的胸怀，要具备宽容体谅反对者的素质。对于一个企业家而言，如果其具有不计前嫌的胸襟，直接关系到他能否纳才、聚才和用才，而且也关系着企业的发展前途。因此，一个优秀的领导者对于有才华的反对者就应以宽广的胸怀、大度的气量主动去接近、重用他们，让他们感受到你的爱才之心和容才之量，从而使他们改变对你的态度，并愿意为你所用；同时，也使你更具有吸引优秀人才加盟的个人魅力。

在唐朝时期，有一个吏部尚书，胸怀宽广，心境豁达，满朝大臣都对他敬重有加。

他有一匹皇上赐给的好马和一个马鞍。一次，他的部属没有和他商量，就骑着他的好马出去了。不巧的是，那个部属不小心把马鞍摔坏了。下属吓得不知所措，只能连夜出逃。

吏部尚书了解事情的经过后，马上让人把他找了回来。当然，所有的人都为那个部属捏了一把汗，但出人意料的是，吏部尚书笑了笑对他说："皇上的赏赐只是对我的能力的认可，而并非是一个马鞍。你又不是故意弄坏了马鞍，完全不必像犯了滔天大罪似的逃跑。"

还有一次，吏部尚书在一次战争中得到了许多稀世珍宝，回来后，他就拿出来与大家一起欣赏把玩。其中一个非常漂亮的玛瑙盘，被一个部属不小心摔了个粉碎。这个惹了大祸的部属吓得立刻跪了下来赔罪，但吏部尚书却宽容地对他说："你不是故意的，你没有错啊！"大家见吏部尚书一脸轻松的表情，一颗悬着的心总算落了地，而且对他是更加敬佩。

面对繁杂的大千世界，宽容是居高位者所必备的素质，对于所谓的"异己"，如果在不涉及大是大非的前提下，就应该不去打击、贬抑、排斥，而是应该学会宽容、包容、赞美并与其和谐共处，有如文中的吏部尚书一样。

一个人的胸怀，决定一个人的气度。一个人的气度，又决定了一个人的作为。如果你心中只有自己，那么能利用的也只有自己，就算你再有才华，也难以做出辉煌的业绩。只有敞开胸怀，以一种包容的心态接纳一切，我们才有望取得成功。

在这个竞争激烈、商业味十足的社会里，合作无时无处不在，社会中的人性格迥异，千差万别。要想合作成功，就不要拘泥于对方的缺点，也不要太过于计较利益，只要能够“互惠互利、合作共赢”就可以了。如果你一直是个“个性十足”的强硬派，丝毫不肯宽容退让，而失去了合作，错失了良机，到头来吃亏的还是你自己。即使面对一个经常反对、掣肘你的人，哪怕是你的竞争对手，你也要保持一颗宽容之心，最后往往会“化干戈为玉帛”，说不定还会成为你的嫡系和死党。因为你要知道，如果一味针尖对麦芒，实质上是自己给自己过不去，让自己生气烦恼，这无异于是给自己制造麻烦，于人于己没有任何好处。

别人与你的意见不一致时，你也不要强迫对方接受你的观点，这体现为宽容。去了解对方想法的根源，并找到他们意见提出的基础，就能够设身处地为他人着想，提出的方案也更能够契合对方的心理而得到接受。提高效率的唯一方法，就是消除阻碍和对抗。每个人都有自己对人生的体验和看法，你应该尊重他人的知识和体验，并且积极汲取其中的精华，为己所用，做好扬弃。

一次，科学家普鲁斯特和贝索勒展开了一场长达九年的争论，定比定律是他们争论的焦点，双方各执一词，不肯退让。争论的结果是普鲁斯特胜利了。定比这一科学定律发明者的桂冠，被普鲁斯特摘取。然而他并没有因此沾沾自喜，反倒真诚地对曾经和他激烈论战过的贝索勒说："如果没有你的质疑，就没有今天我深入研究的这个定比定律。"

与此同时，普鲁斯特特别向公众宣告，定比定律的发现不只是他一个人的功劳，还有贝索勒的功劳。不计较别人的反对与态度，还善长于发现别人的优点，并吸收其精华，这是让人感动的宽容。

每个人都会犯错误，都会有被别人伤害的经历。然而随着时间的流逝，要能够坦然面对那些落在身上的痛，并且学会用一种宽容的心去面对，不仅自己没有损失，反而因此从中获益，让自己的心志得到磨炼。如果仅仅把目光盯在别人的错误上，思想就会变得沉重，对人对事就会有一种不信任的态度，让自己的思维受到限制，同时也限制了对方的发展。背叛，也可以容忍。坚强的人是能够承受住他人背叛的。

富兰克林说："宽怀大度的人应当袒露自己有一些缺点，以便使朋友们不致难堪。"如果一个人不能有宽广的胸怀，不能虚怀若谷，他就不会知道别人的见解和想法，也不会吸收别人的优点和长处，他们会处在一个闭门造车的境地，失败对于他们来说是不可避免的。只有宽容的人，才能够善于完善自身和提高素质。

宽容就是忘却。时间是良好的止痛剂。学会忘却，生活才有阳光，才有欢乐。斯特恩曾说："只有勇敢的人才懂得如何宽容；懦夫决不会宽容，这不是他的本性。"那么从现在起，你是去做个勇敢的人，还是做个懦夫呢？

克制小的欲望，远离舒适区

怀大志者常以名句勉励自己：天将降大任于斯人也，必先苦其心志，劳其筋骨，饿其体肤……把它作为人生的座右铭，告诫自己坚持下去！

俗话说：吃得苦中苦，方为人上人！古今成大器的人，无不是在逆境中奋发而一鸣惊人的。逆境是锻炼一个人的意志和心境的一种途径。优胜劣汰，有能力的人崭露头角，无能力的人则埋没于历史。

西晋著名的辞赋大家左思为了写旷世名篇《三都赋》，用了整整十年的时间。他为了把《三都赋》写好，无论是吃饭还是睡觉，时时刻刻都在构思这篇赋的语言文字、思想内容和艺术境界。为了能够及时地把自己突发的灵感记录下来，他何时何地都不忘带着纸笔，一想到有什么好的句子，就立马记下来。

苦心人，天不负，十载寒暑过去，左思终于完成了他那名扬天下、流传千古的《三都赋》。《三都赋》语言华美、文笔流畅，无论在内容还是形式上，都取得了较高的艺术成就。文章一经问世，轰动整个洛阳城，大家竞相传抄。由于这篇文章较长，最主要还是抄的人太多了，顿时洛阳城的纸张变得供不应求，纸价暴涨。“洛阳纸贵”这个成语就是由此而来，这真是我国古代文坛一件无比风雅的盛事。

左思用了整整十年才写了一篇足以让他流芳百世的文章。而我们现在的一些年轻人据说一个星期就能写本小说，其浮躁心态可见一斑，小说的质量可想而知。所谓“台上三分钟，台下十年功”，任何成功者，都是付出了常人无法想象的艰辛才实现自己的人生和社会价值的。

拿破仑·希尔在成功之前，曾利用二十年的时间帮助钢铁大王卡内基工作，这期间他一分钱的报酬也没有，在帮助卡内基的同时，也帮助了他自己——他本人在成功学研究上获得了巨大的成功。

“吃得苦中苦，方为人上人”是有道理的一句话，你可以把它奉为自己的人生格言，它能带给你很多希望，但你一定要坚信：只要你吃过了你该吃的苦，才会迎来自己的快乐生活。有人说过：“什么是痛快？痛快不就是先痛过，后来才快乐吗？”细细想来，这句话确实有它的道理。因为真的是痛苦发生在快乐之前。

人生好比一次旅行，辛劳和苦难其实就是我们花的旅费。而在这一旅程中，我们可以学习各种各样的经验。当我们痛苦的时候，可以当作那是我们在旅途中跋山涉水、走狭路、过险桥；而当我们快乐的时候，其实就是我们到达了风光明媚的处所，卸下了行装，洗去了风尘，在流连欣赏。也正如旅行一样，我们不能总在某个风景胜地常住；住一阵之后，我们就又该背起行囊去寻觅另一个佳境。

另外，我们每个人都可能有环境不好、遭遇坎坷、工作辛苦的时候，说得严重一点，每个人从降生到这个世界以来，就注定要背起经历各种困难折磨的命运。

因此，人间的苦苦乐乐，我们都应该把它看作理所当然。做生意顺利的时候，财源滚滚而来，取之不尽，用之不竭，那是顺境；一旦遇上风险，生意急转直下，就要过一过节衣缩食的苦日子。想不开的人，逆境来临时就会急着想提早结束这次旅行，到那茫茫不可知的地方去；假如我们想得开的话，就该明白，我们就是为经历这些风险而来的。

做一个像样的旅行家需要勇气，也唯有勇敢承担旅途风险的人才可以到达人生的佳境，才可以享受到一般人所领略不到的“化险为夷”“夜尽天明”“腊尽春回”的乐趣。因此，每逢逆境时，我们要忍一忍，熬一熬，再多拿出一份勇敢和信心；不要只看旅途的艰辛，而要把希望的灯点亮，去照见那你想要去的地方。

我们每一个人都有受到环境压力的时候。这时候，与其悲伤流泪，倒不如用自己既有的条件去慢慢耕耘，等机会来临，自己也有了足够的条件去应付，境遇就好转了。许多事实表明，一个人的生活需要可以缩小到最小限度，而他一样可以保持乐观豁达的心情。只要你自己不让自己消沉颓废，环境是不能把你怎样的。

懂得旅行乐趣的人，往往对平坦好走、容易到达的地方没有兴趣，而偏偏喜欢去探索那些险峻的山、未开发的林或没有人烟的岛。他们认为旅行的乐趣在于克服那些途中的困难，在于到达别人所不易到达的地方，在于发现新的佳境。

懂得人生的人也是一样，他们往往不喜欢平稳庸碌的生活，而去尝试一些困难的、冒险的，但却有内容有意义的生活。因为他们知道，当困难克服了，险境过去了，他们才会尝到一些人生的真味，才会懂得人生的苦是怎样的苦法，乐又是怎样的乐法，贫穷的滋味怎样，失恋的滋味如何，而他们最大的收获却往往是成功的快乐。

“吃得苦中苦，方为人上人。”所谓“人上人”，并不是功利的想法，而是说，他可以在生活中比一般人较为豁达开通，眼光远大，做起事来可以得心应手。如果我们从小就安安稳稳、无风无浪的像花朵一样生活在暖房里，我们所经历的天日就只有那一点点，所能适应的温度也就只有那一点点，没有丝毫的意义。

自立是深度的自律

失败的习惯和成功的习惯一样容易养成，如果我们不杜绝掉坏习惯，也就不可能培养出好习惯。

马斯洛认为，一个完全健康的人的特征之一就是拥有充分的自主性和独立性。但有的人遇事首先想到别人，追随别人，求助别人，人云亦云，亦步亦趋。没有自信之心，不敢相信自己，不敢自行主张，不能自己决断。

生活中存在着这样一些人，因为他们身上有某种缺陷，认为自己缺乏劳动能力，就对社会或是旁人产生依赖心理。殊不知不是你的缺陷误了你，而是你的依赖心理误了自己。

雨果说：“我宁愿靠自己的力量打开我的前途，而不愿求有力者的垂青。”

比尔·盖茨也这样说道：“依赖的习惯，是阻止人们走向成功的一个个绊脚石，要想成大事你必须要把它们一个个踢开。只有靠自己取得成功，才是真正成功。”

戏剧演员戴维·布瑞纳出身于一个贫穷但很和睦的家庭，在中学毕业时，他得到了一份难忘的礼物。

“我的很多同学得到了新衣服，有的富家子弟甚至得到了名贵的轿车。”他回忆说，“当我跑回家，问父亲我能得到什么礼物时，父亲的手伸到上衣口袋，取出了一样东西，轻轻地放在了我的手上，我得到了一枚硬币！”

“父亲对我说：‘别人送给你的任何东西都是有限的，只有你自己才能赚下一个无限的世界。用这枚硬币买一张报纸，一字不漏地读一遍，然后翻到分类广告栏，自己找一个工作。到这个世界去闯一闯，它现在已经属于你了。’”

“我一直以为这是父亲同我开的一个玩笑。几年后，我去部队服役，当我坐在散兵坑道认真回首我的家庭和我的生活时，我才认识到父亲给了我一种多么珍贵的礼物。我的那些朋友们得到的只不过是轿车和新装，但是父亲给予我的却是整个世界。这是我得到的最好的礼物。”

无论别人给你再怎么好的礼物，你所得到的东西都是有限的，只有你自己才能赚下一个无限的世界。我们做任何事情都不要指望别人帮助，更不要把希望寄托在别人身上。一味地依赖别人，只会使自己变得软弱，最终将一事无成。

一个做事总是喜欢依赖别人的人是一个可怜而孤独的人。他常常会四处碰壁，不被信任，不受欢迎，甚至会遭人鄙视，而这一切都是依赖所导致的恶果。依赖性强的人就好比是依靠拐杖走路的不健康的人。

不能独立办成任何事情，便无从谈起操纵和把握自己的命运，命运之恩只能被别人操纵。这样的人，倘若有利用的价值，人家便会利用他。如果他的利用价值消失了，或者已经被别人利用过了，人家就会把他抛开，让他靠边站。只因为他太软弱无能，只因为他的心目中只能相信别人，不敢相信自己，更别提自信胜过他人。倘若如此般度过一生，实在太遗憾、太悲哀了。

依赖别人，意味着放弃对自我的主宰，这样往往不能形成自己独立的人格。如果在遇到问题的时候自己不愿动脑筋，人云亦云，或者盲目从众，那么一个人就失去了自我，失去了本应该属于自己的撑起一片天的机会。

把成功的希望寄托在别人身上，永远都不可能取得成功，想要依靠别人来获取幸福是不现实的。

苏联火箭之父齐奥尔科夫斯基10岁时，染上了猩红热，持续几天的高烧，引起严重的并发症，使他几乎丧失了听觉，成了半聋。他默默地承受着孩子们的讥笑和无法继续上学的痛苦。

齐奥尔科夫斯基的父亲是个守林员，整天到处奔走。因此，教他写字读书的担子就落到了母亲的身上。通过母亲耐心细致的讲解和循循善诱的辅导，他进步得很快。可是当他正在充满信心地学习时，母亲却患病去世了。这突如其来的打击，使他陷入极大的痛苦。他不明白，生活的道路为什么这么难，为什么不幸总是发生在自己的身上？他今后该怎么办？父亲摸着他的头说："孩子！要有志气，靠自己的努力走下去！"

是啊！学校不收，别人嘲弄，今后只有靠自己了！年幼的齐奥尔科夫斯基从此开始了真正的自学道路。他从小学课本、中学课本一直读到大学课本，自学了物理、化学、微积分、解析几何等课程。这样，一个耳聋的人，一个没有受过任何教授指导的人，一个从未进过中学和高等学府的人，由于始终如一的勤奋学习、刻苦钻研，终于成了一个学识渊博的科学家，为火箭技术和星际航行奠定了理论基础。

想要依靠别人来取得成功是不现实的，那只能使你在变得软弱的同时，前途一片灰暗。路再远，只要自己去走，勇敢地去披荆斩棘，就一定能走到目的地。挫折的发生，必将给人们的信心带来或大或小的打击，从而使人或自弃，或自轻，或自疑，因此便会产生依赖的心理。只有真正的自强自立者，才能从打击的阴影中走出来，重新恢复自信，凭借自己的力量开出一片天地。

02

自我管理：自律从自我管控开始

2

习惯真是一种顽强而巨大的力量，它可以主宰人生。因此，人自幼就应该通过完美的教育，去形成一种良好的习惯。

——弗兰西斯 · 培根

自律就是为了不平庸至死

人不是生来就拥有一切，而是靠他从学习中所得到的一切来造就自己。

在知识加速更新的今天，昨天的知识可能很快就会变得陈旧；昔日的人才，如果不去通过不断的学习来充实自己，那么迟早都会落伍。

美国哲学家桑塔亚那曾这样说道：“即使最聪明的智者也要永远学习。”

对于任何人而言，只有不断学习，才能让自己不停进步，才能使自己立于不败之地，才会成为通往成功道路上的领跑者。

哈雷·戴森摩托车公司原是美国知名的摩托车制造商。可是20世纪60年代末，价廉物美的日本本田摩托车却充斥美国市场，从此哈雷公司摩托车的销售额一落千丈，很快到了濒临破产的境地。

为了拯救公司，哈雷公司向美国政府伸出求援之手，美国政府最终决定对进口摩托车征收高额关税，给了哈雷公司一个宝贵的喘息之机。

1982年，为了学习本田打败自己的科技，哈雷公司的高层管理者以访问的名义，来到日本本田摩托车设在美国俄亥俄州的工厂参观。当这些高层到了工厂后，他们看到在本田偌大的工厂里没有一台电脑，也没有机器人，更没有什么特别的作业系统，只有少量的纸上作业。那里除了30名职员领导着420名装配工人外，再没有别的了。但是，从这些员工的表情上看得出，他们对自己的工作很满意。

“得人心者得天下！”哈雷公司的管理者们从中认清了问题所在。在之后的一年内，他们采用了最好的人事管理制度，比如对员工各方面情况尽可能多地了解，发现员工对工作有什么不满之处，及时给予必要的关心问候，以求努力帮助员工克服困难，解除纷扰等，结果使员工们的工作满意度大大提高。他们也开始展现出极大的团队精神，公司的生产能力也逐渐提高了，使哈雷公司得以脱胎换骨。

此外，在那次参观中，哈雷还发现一个值得向本田学习的地方：日本机车只有5%会在生产线末端被剔出，而哈雷却高达五到六成，其中因小零件问题而被剔出的就比日本机车的总退件率高出好几倍。这些零件有问题，大部分是因为在仓库储存过久，等送到生产线时不是生锈，就是规格上的小修正使得那些零件变成废物。

为什么日本工厂就没有这样的问题呢？经过潜心研究之后，哈雷终于找到了原因：本田的零件是每天生产一次，数量都不多，只是用于当日的安装就可以了。而哈雷是每年生产几次，像他们那种生产方法，每次生产出来的零件都够几个月用的。另外，公司生产这些零件的成本都是贷款而来的，所以每年都会因为这些零件而付出数百万美元的利息。如果按照本田的做法，那么这笔数目很大的利息就可以省下了，还可以节省一些库存空间，如果发现不合格的零件，也只生产了一小部分，那样可以很容易更正，损失也不是很大。

问题找到了，哈雷公司就开始改变现状，很快，他们就学习了本田的库存管理系统，将其中的员工参与模式和以统计数据为基础的管理制度运用起来。结果是很明显的，哈雷公司在美国国内重型机车市场的占有率从23%增到46%，并且成为世界级的角逐者。

我们看到，哈雷公司通过不断学习、不断进步，终于走向了成功，这难道不是每个人和企业都应该学习的吗？

停止学习也就等于停止了进步，停止了对美好未来的追逐。只有不断学习，不断向自己发出挑战，我们才会收获不一样的人生，才能在有限的生命里创造出无限的辉煌。

春天到了，两粒种子躺在土壤里对话。第一粒种子说：“我要挑战自我，努力拱出地面，将根深深扎入土壤；我要‘出人头地’，让自己在大自然中迎风而立，大声歌唱生命的高贵。让我在有限的生命里得到阳光和雨露的眷顾，即使我会在秋天枯萎，但我会因为收获而感到充实。”第二粒种子说：“我有土地的保护，不是很好吗？如果我用力钻出地面，定会伤到我脆弱的茎心；如果我向土壤里深深扎根，可能会碰到硬硬的石头；如果幼芽长出，可能会被昆虫吃掉；我若开花结果，到秋天就会死掉。我看我还是待在土壤里面最安全。”结果是：第一粒种子茁壮成长，第二粒种子很快就腐烂了。

如果你勇于挑战自我，就会像第一粒种子那样，在有限的生命里尽情享受人世间的快乐；如果你缺乏自我挑战的勇气，你就会像第二粒种子那样，在有限的生命里无法体会生命的真谛。其实，人生就是一个不断挑战自我的过程。

霍金，是时下享有国际盛誉的伟人之一。他是剑桥大学应用数学及理论物理学系教授，当代最重要的广义相对论和宇宙论家。20世纪70年代他与彭罗斯一同证明了著名的奇性定理，为此他们共同获得了1988年的沃尔夫物理奖。他因此被誉为继爱因斯坦之后“世界上最著名的科学思想家”和“最杰出的理论物理学家”。他还证明了黑洞的面积定理。霍金的生平是非常富有传奇性的，在科学成就上，他是有史以来最杰出的科学家之一。他担任的职务是剑桥大学有史以来最为崇高的教授职务，那是牛顿和狄拉克担任过的卢卡逊数学教授。他的代表作是1988年撰写的《时间简史》，这是一篇优秀的天文科普小说。该书想象力丰富，构思奇妙，语言优美，一出版即在全世界引起巨大反响。

可是，谁能想到这样一位杰出的人物，居然是一个残疾人，一个不能写，甚至口齿不清的人，只能通过手指或者口形变动让机器产生感应来工作或与人沟通的人。1962年，在霍金20岁的时候，他患上了卢伽雷氏症（肌萎缩性侧索硬化症）。但他身残志不残，克服了种种难以想象的困难而成为国际物理学界的超级新星。他不能写，但他超越了相对论、量子力学、大爆炸等理论而迈入创造宇宙的“几何之舞”。尽管他那么无助地坐在轮椅上，他的思想却出色地遨游到广袤的太空，解开了宇宙之谜。

霍金不仅创造了科学的奇迹，也创造了生命的奇迹。很多时候，我们缺少的不是成功的条件，而是缺少自我挑战的勇气和战胜自我的毅力。勇于挑战自我，生命将会绽放出缤纷的色彩。

一条不流通的河流，河水会慢慢发臭；没有足够的食粮，人就会慢慢死去；没有新鲜的血液，人类的生命也会濒临灭亡。同样的道理，一个奋斗的人，只有时时保持学习、不断向自己发出挑战，才能获取最后的成功。

有个故事叫“希尔接受了挑战”。这个故事讲的是1908年，年轻的希尔去采访钢铁大王卡内基。卡内基很欣赏希尔的才华，并对他说：“我给你个挑战，我要你用20年的时间，专门研究美国人的成功哲学，然后给出一个答案。但除了写介绍信为你引见这些人，我不会对你做出任何经济支持，你肯接受吗？"

希尔坚信自己的直觉，勇敢地承诺"接受"。

接着，在此后的20年里，希尔遍访美国最成功的500名著名人士，写出了震惊世界的《成功定律》一书，并成为罗斯福总统的顾问。

希尔后来回忆此事时说："试想全国最富有的人要我为他工作20年而不给我一丁点报酬。如果是你，你会对这个建议说是抑或不是？如果'识时务'者，面对这样一个'荒谬'的建议，肯定会推辞的，可我没这样干。"

所以，一个人只要敢于挑战自己，就会有卓越的人生。一个人梦想越高，人生就越丰富，做出的成就就越卓绝；梦想越低，人生的可塑性越差。也就是人们常说的：期望值越高，达成期望的可能性越大。

在现代社会中，我们每天都在面对无数的可能，面对无数没有先例的挑战。没有什么是想不到的，没有什么是做不到的，没有什么是不可能的。不断挑战自我，不断发掘自己的潜力，已经成为当今社会一大主流，一种为年轻人所崇尚的生活方式。

娜娜在一家大型建筑公司任设计师，常常要跑工厂，观察现场，此外，还要为不同的老板修改工程细节，异常辛苦，但她仍主动去做，毫无怨言。

虽然她是设计部唯一的一名女性，但她从不逃避强体力的工作。需要爬二十多层的楼梯时她毫不犹豫，需要去野外时她也面无惧色……总之，她从不感到委屈，反而感到自豪。

有一次，老板安排她为一名客户做一个可行性的设计方案，只给三天的时间。在别人看来这是一件很难完成的任务。但娜娜接到任务后，没有退缩，而是勇敢地接受了挑战。当天下午，看完现场她就开始工作了。三天时间里，她都在异常紧张的状态下度过，她四处查资料，虚心向他人请教。食而无味，夜不能寐，满脑子都在想着如何把这个方案做好。

三天后，当她带着布满血丝的眼睛把方案交给老板时，得到了老板的肯定。因为她做事认真负责，积极主动，勇于接受挑战，老板提升了她，并给她涨了3倍的薪水。

后来，老板告诉她："我知道你时间紧，但我们必须尽快把设计方案做出来。如果你当初不接受这个挑战，我可能把你辞掉，因为公司需要的是能够在关键时刻接受挑战、解决问题的人。没想到，你不仅接受了挑战，而且出色地完成了任务。我很欣赏你这种工作认真负责，积极主动又敢于挑战自我的人。”

当今世界发展迅速，每个人都面临着一个严峻的现实：如果止步不前，满足于现状，你就丧失了创新能力，就会失去自己的立足之地，最终被社会所淘汰。而创新是人类发展的主要源泉。要想创新，首先要挑战自我。

在平凡的生活中，我们总是不断地重复单调的步伐，也许正因为这样，我们始终在一个地方徘徊，没有进步的迹象。这是为什么呢？

一位哲学家一针见血地指出：“一个人缺少了挑战意识，他的生活永远得不到改变；一个社会缺少了挑战意识，这个社会永远不会前进。”人的一生是一次无法回头的旅行，“不敢冒险就是最大的风险”，它将使危险加速而至。在工作中也是一样，如果你总是安于现状，那么，你将永远无法走出平庸的角色，甚至有被淘汰的危险。因此，如果想拥有不平凡的人生，就一定要懂得挑战自我，超越自我。

大环境的改变会对我们的成功与失败起到很大的作用。大环境的改变有时是看不到的，我们必须时时注意，多学习，多警醒，并适时地改变自己，挑战自我。

太舒适的环境往往蕴含着危险。习惯的生活方式，也许对你最具威胁。要改变这一切，唯有不断地接受挑战，打破旧有的模式，实现自我超越。

把事情做到极致的艺术叫专注

我们所处的世界是五彩缤纷的，美好的东西有千种万种，然而我们每个人的精力却是有限的。作为一般人，你必须学会专注。如果今天喜欢这个，明天又去追求那个，最后可能什么都得不到。

遥远的古代，有个国王一直在寻找一个称职的宰相来帮助自己治理国家。他想出了一个办法来选拔宰相。有一天，朝议的时候，国王叫一位一直比较欣赏的大臣来到自己跟前，吩咐他端起一盆满满的油。从宫殿出发，步行到城外的一口古井边上。途中不能停留，也不许把盆中的油洒出来，不然他的脑袋就搬家了。大臣吓坏了，刚开始以为国王和他开玩笑，后来想是不是自己什么地方让国王不满意，得罪了国王。但是他觉得国王没有开他的玩笑，他必须完成这个不可思议的任务。

他硬着头皮，小心翼翼地端起那盆油，在侍卫的监视下，开始徒步行进在那段艰险的路途上。其他大臣有的为他担心，有的心里暗暗高兴。他们都觉得他这次死定了。高兴的那些人是他的政敌，而为他难过的是他的朋友。

沿途他经过宽敞巍峨的宫殿、学校、拥挤的集市、狭窄弯曲的街道和崎岖不平的小径。然而结果让所有人都大跌眼镜：大臣从端起那盆油的时候，就放开了一切的想法，只想着做好一件事情，那就是走平稳，不洒下一滴油。他如此专注、投入，忘记了身后的一切。

身旁的房屋失火了，人们喊叫着，争先恐后地去救火，他未注意；前边的集市有大象受惊吓，踩死了很多人，大家夺路而逃，他未受影响；家人来报信，小儿病重，叫他赶紧回家，他没听到。

他心里只有一个目标。终于奇迹出现了，他完成了国王的使命，把那盆油送到了那口古井旁边，重要的是他没有洒出一滴油。大臣成了那个国家的宰相，因为他知道做每一件事情都要力求做到最好，只有这样国家才能慢慢强大起来。

在国王的心中，只有能专注于一件事情的人，才能担当重任。在今天，一心一意做事，是每个人获得成功不可或缺的品质。专注就是用心，对一件事情用心的程度，将决定一个人成就的高度。

意大利世界超级男高音歌唱家卢克诺·帕瓦罗蒂曾经有过迷茫的一段时间。在他即将从一所师范学院毕业的时候，他陷入了苦苦的沉思中：毕业后是选择做一名平凡的教师呢？还是从事自己喜爱的歌唱事业？要么两者兼顾？

这个问题让帕瓦罗蒂很难做出抉择，他在大学里学的专业是教育，可他觉得自己更喜欢唱歌。到底该做什么呢？在思想争斗毫无结果之后，他去请教他的父亲。

父亲听了他的问题后，沉思了一会儿，然后对儿子说："哦，孩子，你一定要记着，如果你想同时坐在两把椅子上，那你也许会从椅子中间的空隙里掉在地上，最后被摔得一塌糊涂。生活要求你只能选一把椅子坐上去，这样你才能坐得平稳。"

帕瓦罗蒂听了父亲的话，终于下定了决心，从此在歌唱艺术的道路上艰难不屈地跋涉着，直到成为一颗光芒四射的世界巨星。

卡耐基是为世人所公认的成功学演说家，但他并非天生就是演说家。面对观众，他的恐惧并不比任何人少。为了克服自己的恐惧，他主动与人交谈，尽量让自己在大家面前大声说话，学着观察每个人的表情、反应，总结所讲内容什么地方被别人赞同，什么地方吸引别人听，什么地方令人厌倦，什么方式引起听众的兴趣。

他参加学校的演讲比赛，结果让人失望，他还是很紧张。一次又一次的失败没有让他放弃，在他的家乡人们总是能看见他在那儿不停地演讲着，激动处还挥动拳头，大声叫喊。有人觉得他是个疯子，跑去找来警察。

他的母亲觉得十分心疼："实在不行，咱们可以换一种活法，什么地方都能吃饭。"卡耐基对他母亲说："您听过这样一个故事吗？在北方极远的地方，有一位叫'成功'的女神。有一天，来了一个敲这个门的年轻人。女神没有马上开门，想让那个人再敲一下验证对方的热情和专注的持久度，结果那个人见这扇门不开，便转身去敲别的门了。女神自言自语道：如果他再敲一下，我就会让他进来的。只要专注，成功女神会让我进她的门的。"

有人把勤奋比作成功之母，把灵感比作成功之父，认为只有两者结合起来才能产生人才。而专注则是勤奋必不可缺的伴侣。专注使人进入忘我境界，保持头脑清醒，全神贯注，这正是深入地感受和加工信息的最佳生理和心理状态。法国科学家居里说："当嗡嗡作响的陀螺般高速运转时，就自然排除了外界各种因素的干扰。"人一旦进入专注状态，整个大脑围绕一个兴奋中心活动，一切干扰统统不排自除，除了自己所醉心的事业，生死荣辱，一切皆忘。灵感，这智慧的天使，往往在此时才肯光顾。没有专注的思维，灵感是很难产生的。

无论做任何事情，要想成功，就要一心一意地去做，这样才能发挥出自己最大的能量。

勒韦是美国著名的医师及药理学家，1936年荣获诺贝尔生理学及医学奖。

勒韦1873年出生于德国法兰克福的一个犹太人家庭。从小喜欢艺术，绘画和音乐都有一定的水平。但他的父母是犹太人，对深受各种歧视和迫害心有余悸，劝诫儿子不要学习和从事那些涉及意识形态的行业，要他专攻一门科学技术。

在父母的教育下，勒韦进入了大学学习，放弃了自己原来的爱好和专长，进入斯特拉斯堡大学医学院学习。在学习的过程中，勒韦一直非常勤奋刻苦，虽然对医学比较陌生，但他不怕从头学起，他相信专注于一，必定会有所成就。他怀着这种心态，很快进入了角色，他专心致志于医学课程的学习。心态是行动的助推器，他在医学院攻读时，被导师的学识和专心钻研精神深深吸引。这位导师名叫缁宁，是著名的内科医生。勒韦在这位教授的指导下，学业进展非常快，并深深体会到医学也大有施展才华的天地。

勒韦从医学院毕业后，他先后在欧洲及美国一些大学从事医学专业研究，在药理学方面取得很大的成就。由于他在学术上的成就，奥地利的格拉茨大学于1921年聘请他为药理教授，专门从事教学和研究。在那里他开始了神经学的研究。1959年他从动物组织分离出乙醚胆碱。勒韦对化学传递的研究是前所未有的突破，对药理及医学做出了重大的贡献。因此，1936年他与戴尔获得了诺贝尔生理学及医学奖。

勒韦是犹太人，尽管他是杰出的教授和医学家，但也如其他犹太人一样，在德国遭受了纳粹的迫害。当局把他逮捕，并没收了他的全部财产，取消了他的德国国籍。后来，他逃脱了纳粹的监察，辗转到了美国，并加入了美国国籍，受聘于纽约大学医学院，开始了对糖尿病、肾上腺素的专门研究。

勒韦对每一项新的科研，都能专注如一。不久，他这几个项目都获得了新的突破，特别是设计出检测胰脏疾病的勒韦氏检测法，对人类医学又做出了重大贡献。

专注的力量是巨大的，当一个人把所有精力都集中于自己所做的事情上时，再大的困难他都能够克服，同时，任何不良的影响也都无法干扰到他。

勤奋是条成功的高速路

勤奋和努力就如同一杯浓茶，比成功的美酒更有益于人。一个人，如果毕生能坚持勤奋努力，本身就是一种了不起的成功，它使一个人精神上焕发出来的光彩，是绝非胸前的一排奖章所能比拟的。

良好的习惯是奠定成功的基石，养成勤奋的好习惯对赢取成功会起到至关重要的作用。成功是靠一步一个脚印走出来的，是经过长年累月的行动与付出积累起来的。虽然，任何人都会行动，但成功者却是每天都多做一点点，多付出一点点，所以他们比别人更早取得成功。亚历山大·汉密尔顿作为美国最伟大的政治家，他曾经说过：“有的时候人们觉得成功是因为自己的天赋，但据我所知，所谓的天赋不过就是努力工作而已。”

美国另一位杰出政治家丹尼尔·韦伯特在他70岁生日谈起成功的秘密时也说：“努力工作使我取得了现在的成就。在我的一生中，从来还没有哪一天不在勤奋地工作。”

凭借自己的勤奋与努力获得巨大成就的人数不胜数。

司马迁写《史记》花了15年。

司马光写《资治通鉴》花了19年。

达尔文写《物种起源》花了20年。

李时珍写《本草纲目》花了27年。

马克思写《资本论》花了40年。

歌德写《浮士德》花了60年。

牛顿在剑桥大学30年里，每天坚持工作十六七个小时之久。

这些名垂青史的伟人，哪一位没有付出辛勤的汗水呢！勤奋就是成功者共有的品格。在所有的成功者中，不乏体魄强健者与羸弱者；不乏出身显赫者与卑微者；不乏见识渊博者与孤陋寡闻者……但却没有一个不是勤奋的。

勤和惰的分别，从远古时代就存在了。勤奋，就如同原始人的钻木取火，用一根木棒猛钻木板，这样可以产生火种，但谁也说不出要钻多久才能生出火来。有的原始人耐不住了，可能扔下木棒，吃生肉去了，最终仍为兽。有的原始人坚持不懈，于是木头终于起火，带来了火的文明。勤劳者吃上熟食，最终进化为人。

如果我们要使自己的生命非常有意义、有价值，就需要通过勤奋劳作来实现。民族要振兴，国家要强盛，就必然要有众多勤劳并做出了突出贡献的人。

一位成功人士曾这样说道："懒惰的人不是天生的，因为正常人都希望有事可做，就像大病初愈的人总是希望四处走走，做点事情。我不知道，有谁能够不经过勤奋工作而获得成功。怠慢会导致无所事事，无所事事会引发懒惰。勤奋可以形成兴趣，进而形成热情和上进心。"

几乎所有人都明白勤奋是通往成功的必备因素之一，但能做到这一点，并将其视为一种习惯的人却很少。因为"勤"，总是同"苦"同时发生的。而甘于吃苦，一辈子勤奋努力，如果不是一个很有韧性的人，是很难做到的。

就像拉小提琴，其实入门还是比较容易的，但是要想达到炉火纯青的地步，可就不是一件容易的事情了。有一个年轻人曾问小提琴家卡笛尼学拉小提琴要多长时间，卡笛尼的回答是："每天13小时，连续坚持13年。"

以伟大的空想社会主义理论名噪于世的法国人圣西门，年轻时爱睡懒觉。为了克服这个坏习惯，他让仆人每天早上向他喊道：“起来吧，伟大的事业在等待你！”听见这庄严的喊声，再想睡懒觉的他也只好起来了。

著名数学家华罗庚说过：“我不否认人有天资的差别，但根本的问题是勤奋。我小时候念书时，家里人说我笨，老师也说我没有学数学的才能。这对我来说不是坏事，反而是好事，我知道自己不行，所以经常反问自己：‘我努力得够不够？’”这些卓有成就的名人的做法和说法，应该引起我们的反思。毕竟勤奋的工作态度不仅会赢得老板的赞赏，也会得到别人的嘉许，还能给自己带来一份可贵的财富——自信。

成功的一部分就是勤奋，勤奋能给我们带来的好处有很多，它可以帮助我们获得更多的时间，它可以帮助我们争取更多的机会，它还可以帮助我们获得别人的尊重和认可……

有一部分人做事邋遢，总是在拖延，明明今天可以完成的事情偏偏要拖到明天，他们还会给自己找一些借口，说自己的头脑不够聪明，说自己没有学历和经验，所以才没能取得成功。这些都是他们说给自己听的谎话。辛勤是可以帮我们弥补一些缺点的，虽然你的工作不是很出色，可是你一直都辛勤地工作着，相信你的老板一样会认可你。要知道我们比那些有一身本事，可处处偷懒的人要好得多。虽然我们的能力没有他们强，可是我们可以通过勤奋工作来获得经验，可以不断地学习、不断地提高自己，只要你有决心，即使自己不是很聪明，也一样会把工作做得很出色。只要我们付出辛勤努力就一定会有好的回报。相反，如果你做事邋遢瞻前顾后，你不珍惜眼前的每一天，那你注定会一事无成。

很多人习惯用薪水来衡量自己所做的工作是否值得，却忽略了一些更为重要的东西。比如，你的勤奋带给公司的是业绩的提升和利润的增长，而带给你的是宝贵的知识、技能、经验和成长发展的机会，当然随着机会到来的还有财富。实际上，在勤奋中你与老板获得了双赢，勤奋不只是对老板负责，更重要的是对自己负责。试想，一个公司不大可能因为你一个人的懒惰而一败涂地，但是因为你个人的懒惰，你可能一辈子都会一事无成。所以，你不用抱怨，更不用自怨自艾，你需要做的仅仅是勤奋地工作。

如果一个人没有意识到这一点，那么，他在工作中就会琢磨：如何少干点工作多玩一会儿。结果过不了多久，他就会在人才的竞争中被淘汰。所以，享受生活固然没错，但怎样成为领导眼中有价值的职业人士，才是最应该考虑的。一位有头脑的、智慧的职业人士决不会错过任何一个可以使自己能力得以提高、才华得以展现的工作机会。尽管这些工作可能薪水微薄，可能辛苦而艰巨，但它对意志的磨炼，对我们坚韧性格的培养，都是极有价值的。所以，正确地认识你的工作，勤勤恳恳地努力去做，才是对自己负责的表现。

查理·帕克尔是一位爵士乐史上了不起的音乐家。但他曾经在堪萨斯城被认为是最糟糕的萨克斯演奏者。在长达3年的时间里，他的境况糟透了，他甚至连一家愿为他试演的剧院都找不到。他在逆境中拼搏，通过每天11~15个小时的刻苦练习，2年后，他的独奏变得非常轻盈，又充满惊异和勃勃生机。炉火纯青的技巧终于使他开创了一种前无古人的音乐风格。

勤奋可以取得成功，但我们还应当意识到，勤奋并不等于事业肯定能够获得成功。在科学发达的现代社会里，如果不使自己的努力摆脱盲目性，增加科学性，那么，尽管你勤奋仍然不能获得很大的成就。现代人的勤要勤在思维上，这是知识经济时代的必然要求。既要保持自己勤奋不懈的好作风，又要研究生活中的新事物，勤于寻找门路，勤于选择一个最佳的突破口，使成功早日来临。

同时我们也要警惕，如果不是抱有远大的目标，勤奋就很难持之以恒，或因挫折而怠惰，或因成功而松懈。难怪萧伯纳要说：“人生有两出悲剧，一是万念俱灰；另一是踌躇满志。”这两种悲剧，都会导致勤奋努力中止。

有自知之明的人，总是对所获成功淡然处之，生怕妨碍了自己继续前进的步伐。因此，我们要保持戒骄戒躁的态度，保持勤奋进取的精神境界。居里夫人获得诺贝尔奖之后，照样钻进实验室里埋头苦干，而把代表荣誉与成功的奖章丢给小女儿当玩具。实际上，在他们看来，人生最美妙的时刻是在勤奋努力和艰苦探索之中，而不是在摆庆功宴席的豪华大厅里。

想独立生活，先独立思考

善于思考是智者与愚者的根本区别。善于思考的人总是可以从生活的一个胜利走向另一个胜利。在遇到失败和挫折时，也总是能够设法摆脱困境，并始终以一种积极乐观的心态面对生活。

许多年前，罗丹就雕塑出了有名的“思想者”的雕像，告诉了我们思考的力量。

科学历史上有一个很有名的故事。有一位科学家在家的时候，不小心打碎了妻子喜爱的花瓶，花瓶非常漂亮而且价值不菲。正当妻子因为这只心爱的花瓶破碎懊恼和惋惜的时候，科学家忽然灵机一动，想要做一个实验。

他收拾起了地上的每一块碎片，统统搬到了自己的实验室里。妻子大为不解，不知道她的丈夫接下来要干什么，但是她已经习惯了这位科学家丈夫的奇思怪想，没有理会待在实验室里的丈夫。

科学家把花瓶的碎片按大小排列，并称出了每一块的重量。他收集了大量的数据，并经过艰苦细致的运算后，他发现了一个有趣的规律。在所有的碎片中，10~100克的最少，1~10克稍多，0.1~1克的和0.1克以下的最多。尤其是这些碎片的重量之间有着严密的倍数关系：最大的碎片与次大碎片的重量之比是16：1，中等碎片与较小碎片的重量之比也是16：1；较小碎片与最小碎片的重量之比也是16：1。

他惊奇地告诉他妻子这个自认为伟大的发现。妻子没有如他所想的兴奋，甚至有点冷淡地说："这样啊，16：1，挺有趣的，但是，亲爱的，这又有什么用呢？"这倒提醒了科学家。"是啊，这能有什么用呢？"他不断地思索这个问题，刚才的兴奋也早已成了过去。

科学家不断尝试，也许这个发现能用于考古研究和天体研究。原理就是按照打碎花瓶的重量规律，可以由已知文物、陨石的破残碎片推测他们原来的状况，用以迅速恢复他们的原貌。事实证明，这个大胆的假设是可行的，他为考古和天体研究提供了一种科学的方法，推动了考古和天体研究的发展。这位科学家也因为他杰出的成就被大家纪念。

花瓶碎了，科学家思索着从打碎的花瓶中寻找什么。他找到了，并把他应用到了工作中，推动了科学的发展。每天在这个世界上又有多少花瓶被打碎，我们没有思索，往往把打碎的花瓶碎片一扔了事。成功人士并不一定比我们有着多少优越的条件，重要的是他们对待任何事情都会思索探究的态度。

我们每个人都有自己不同的思想，无论是什么样的，它都将改变一个人的人生。人是没有权利选择自己的命运的，但是不同的思想可以决定不同的命运。

如果一个人的思想是邪恶的，他总想左右时间、空间，想凭着自己的诡诈和计谋来达到自己所想达到的目标，那么他最终的结果一定就是失败。

如果一个人的思想是善良的、进步的，处处严于律己，机会就一定会靠近他，尽管他可能经历了种种的磨难和痛苦，可是他最终一定会取得成功。因为他有一个积极的、善良的思想，使他能够正确对待和解决一切困难。在我们很坦然地去对待困难的时候，就会发现，其实困难并不是不可战胜的。

思想对我们人生的影响是巨大的，如果把我们的心灵看作一块田地，你去精心地耕耘它，那么最终你一定会得到一个好的收成。相反如果你不去理它任它荒掉，那么最后你的结果就有可能是颗粒无收。

其实思想就是我们面对问题的态度，它和我们的人格是一体的。每个人都会因为周围的环境而影响到自己，大家都通过身边不同的环境和机遇努力地接近自己的目标，而在这期间思想是决定我们有怎样结果的主要因素。

如果一个人能够不断地进步，很清楚自己的发展方向并且拥有一个健康、积极、乐观的思想，那么我们所树立的目标将很快就会实现。因为当他们有了这样的思想后，不管受到外界什么样的影响他们都不会改变自己，在遇到困难的时候他们都会很坦然地接受，并且会积极地去解决。

要是你发现自己一直不能掌控自己，而是被周围的环境左右着，被命运掌控着，就说明你还没能够掌控自己的思想，一旦你可以掌控并调节自己的思想，你就完全可以把自己的命运掌控在手中。

在我们实现自己理想的过程中都会遇到一些困难和挫折，无论你是战胜了困难，还是选择了逃避，存在你内心的明亮或者是昏沉的思想都会有所成长，而这些思想就是决定我们命运的主要因素。如果你成长的是光明的思想，在面对事情的时候就会表现得宽宏和包容。如果你成长了昏沉的思想，你的心胸就会变得狭隘，即使是一件微不足道的小事你都没有办法用一个平常心去接受。

很多人都在尽自己最大的努力来改善自己的生活环境，他们都希望有所成就。可他们并没有注意调整自己的思想，以至于尽管他们付出了很大的努力，可最终还是没能够改善自己的生活环境。想要取得成功就必须付出努力。这个道理想必人人皆知，可有时候在我们付出努力时，如果没有把思想调整好，尽管你付出了努力，也不一定就会取得成功。

父亲告诉我，如果发现走这一条路达不到目的地，就走另一条路试试。

小约翰最近一直很难过，闷闷不乐。于是约翰的父亲带着小约翰离开了家，来到了市郊的一个小镇上，他们一起爬上教堂高高的塔顶上面。小约翰心里一直在想，带我来这地方干吗？

在塔顶上，父亲对着小约翰笑笑："往下看，孩子！"

小约翰鼓起勇气，朝脚底下看去，只见星罗棋布的村庄环抱着罗马，如蜘蛛网交叉扭曲的街道，一条条通往罗马。“好好瞧吧，亲爱的孩子，”父亲温柔地接着说，“通往罗马的路不止一条。生活就是这样，如果发现走这一条路达不到目的地，就走另一条路试试。”

小约翰自己明白了父亲带他爬上这里的原因。前几天，约翰向母亲说过食堂的午餐太糟糕了，想让母亲帮助他向学校反映情况，可母亲不信。后来他求助父亲，父亲当时没有说什么。他现在明白了父亲的意思，在回家的路上他已经想到了办法。

第二天去学校用午餐的时候，小约翰偷偷把汤倒进了他带的饭盒里带回了家，并对家里的厨师说，晚饭的时候把汤端上去让妈妈尝尝。这办法很有效，妈妈尝了一口就连吐口水，埋怨这个厨师是不是疯了。接着，约翰就把他自己做的事讲给了母亲听，母亲这回相信了，她决定明天就去学校反映这个情况。

父亲教给小约翰的这个生活哲学，在很多时候起了作用。小约翰一直想成为一名服装设计师，然而要成为一名服装设计师并不是那么简单，即使你满身的才华也不见得能美梦成真。小约翰没有止步不前，还是动脑筋、想办法，因为他已经明白了办法总比问题多。

约翰为了理想来到了全世界的时装中心。仔细浏览了那些著名的时装设计，没有能让约翰灵感爆发的作品。有一天，约翰遇到了一个朋友，他对这位朋友身上穿着的非常漂亮的毛衣产生了浓厚兴趣。他觉得虽然颜色朴素，但是编织却很巧妙。他询问了这件毛衣的编织者黛戴安太太是如何编织的，并自己学会了其中的技巧。

约翰继续动脑筋，想出了一种更为新颖的毛线衣的设计。接着，一个个大胆的念头涌进了约翰的脑中：他利用父亲的商号开了一家时装店，从毛线衣开始，自己设计、制作和出售时装。

约翰马上行动，他设计了一个蝴蝶花纹的毛线衣设计图，请黛戴安太太先打了一件。毛衣十分漂亮，约翰让自己的夫人穿着毛衣去参加一个时装商人举行的晚宴。约翰的夫人成了宴会上的焦点，夫人们纷纷过来打量她身上美丽而独特的毛衣。当得知这件毛衣是约翰自己设计制作的时候，大家纷纷向约翰下了订单。结果一个晚上他成功地拿到了200件毛衣的订单。约翰高兴地拿着订单直接找到了黛戴安太太。

黛戴安太太听说要做200件，而且要在一个月内完成。脸上高兴的表情马上不见了。她告诉约翰，她织这一件毛衣差不多花了一个星期，就算再快，她也完成不了一个月200件的任务。约翰听了黛戴安太太的想法，觉得是自己太过兴奋了，没有考虑到自己商店的能力，于是又灰心丧气起来。

当他决定去告诉客户自己困难的时候，他想一定还有办法能解决。走到半路他又回到黛戴安太太家，劝服黛戴安太太和他一起去寻找能织这种毛衣的人。他们调查了几乎所有住在巴黎的美国人，终于找到了25名能编织这种毛衣的人。一个月后，200件毛衣准时地完成了。接着，成功不期而至，约翰的服装受到明星和贵妇人的宠爱，他的商店也取得了巨大的成功。

故事到此结束，意义很简单，遇到困难的时候不要停止思考，办法总比问题多，通往成功的路又怎么能只有一条呢？

我们应该调整好自己的思想，它对我们的工作和生活影响非常大，思想是决定我们取得什么样人生的关键。在做事的时候我们要学会积极主动去思考，如果能将其视为一种习惯的话，将会让我们受益终身。

慢慢毁掉你的，是你的将就与凑合

细节的准确可以成就一件伟大的作品，细节的疏忽会毁坏一项宏伟的规划。历史上有很多伟人，就是因为抓住了细节，才成就了辉煌的事业。

老子曾说："天下难事，必做于易，必做于细。"这句话精辟地指出了想成就一番事业，必须从简单的事情做起，从细微之处入手。相类似的，20世纪世界最伟大的建筑师之一的密斯·凡·德罗，在被要求用一句话来描述他成功的原因时，他只说了一句话："魔鬼在细节。"他反复强调，如果对细节的把握不到位，无论你的建筑设计方案如何的恢宏大气，都不能称之为成功的作品。可见对细节的作用和重要性的认识，古已有之，中外共识。

美国著名管理学家吉姆·柯林斯曾经说过："不愿做平凡的小事，就做不出大事，大事往往是从一点一滴的小事做起来的。所以，在细节处多下功夫吧！"

成功是一个日积月累、持续不断的过程，任何抱有侥幸、急于求成的想法都注定要失败。谈到日积月累，就不能不涉及习惯，因为人的行为的95%都是受习惯影响的，在习惯中积累功夫，培养素质。只有在实践中认真对待遇到的每一件事情，才能逐渐养成重视细节的习惯。

海尔总裁张瑞敏曾经说，什么是不简单？把每一件简单的事做好就是不简单；什么是不平凡？能把每一件平凡的事做好就是不平凡。

细节总是容易被人所忽视，往往最能反映一个人的真实状态，也最能表现一个人的修养。正因为如此，透过小事看人，日渐成为衡量、评价一个人的最重要的方式之一。现在，有些用人单位在招聘时，还专门针对细节下功夫，设计些细节方面的问题，通过细节来观察应聘者。有的用人单位甚至通过"吃相""笔迹"等细微小事来决定用人与否。

对于求职者来说，完美的自我是需要细节来体现的，所以时时处处注意细节是渴望成功的人必须要注意的。这显然是专门用来考察求职者的试金石，使得一些志在必得的应聘者铩羽而归。在这里，一个不引起注意的细节就决定了面试的成败。

要把重视细节、将小事做好培养成一种习惯。通过长期积累，自然会提高你的工作质量。

我们一定要把细节重视起来，因为往往会由于一个很小的错误而导致全局的失败。在工作中，注重细节，常会带给你一些意外的发现和收获。它可以使你更进一步地认识事物，明晰事物的原理，会提高工作绩效，从而赢得上司的好感，以获得升职加薪的机会。

张志丽在一家业绩卓著的金融机构担任经理助理，她对自己的工作认真负责，兢兢业业。有一天，她的上司在无意中发现了一件事，也正因为那件事，张志丽得到了提拔。

那一天，张志丽告诉部门里其他员工，所有的纸都要两面用完才能扔掉。这时有的员工就认为张志丽很吝啬，并且嘲笑她连一张纸都要做文章，而张志丽的解释是：“让所有的员工知道这样做可以使公司减少支出，相对地增加利润，这是极其重要的。”

这件事情被经理知道了，很快张志丽便被公司重用，升为部门经理。其实这样的事在现在的公司来说常常会发生，节省一张纸是很小的事，但日积月累就是一个庞大的开支。所以这样的细节是不容忽视的。

犹太人认为，应该重视细节同整体、同大事、同战略决策的关系。不要只是一味地认为其细小、微不足道，我们要看到种种大事都是由细节的存在而存在的。因为任何整体都是由具体的小事构成的，它们无一不是建立在细节之上的。

我的好朋友张霞是一名速记员，她的经理和同事都有偷懒的恶习，但张霞依然坚持着认真做事的良好习惯，她重视每一项工作，哪怕是些最微不足道的事，她都像对待大事一样认真负责。

一天，经理让张霞替自己写一份规章制度。张霞不像同事那样随意地写几句或写几页就完事了，张霞仔细地把这份报告写好，并且将它们编成一本小巧的书，用打字机很清楚地打出来，然后又仔细装订好。做好之后，交给了这个经理，经理又把这本书交给了管理者。

“这大概不是你做的吧？”管理者问经理。

“呃——不……是……”这位经理很紧张地回答，管理者沉默了许久。

几天后，张霞接到了一份升职书，她代替了以前经理的职位。

这是我好朋友的一个小故事，或许大家都有过类似的经历，只是觉得很正常而忽略过去了。殊不知，看起来微不足道的一件小事，却体现着深刻的道理。试想，如果张霞没有将细节做到完美的习惯，她能表现得如此尽职尽责吗？

为什么会有一些老企业历经百年仍保持辉煌，而有的企业有如昙花一现，三五年就终结了，最根本的原因是他们对待产品和服务的细节不同。有经验有能力的管理者都认为，细节往往决定着管理是否真正到位。在微观运营方面有缺陷的企业往往会漏洞百出，会人为地造成产品质量下降，甚至还会出现其他弊端。只有注意细节了，才能获得持续发展的动力，使企业不断壮大。

对企业而言，细节如此重要。同样，对于一个员工来讲细节也是至关重要的。

许多企业管理者都认为，有很多的员工与其说他们是怀才不遇，不如说他们做工作拈轻怕重，对企业毫无责任感，工作中好高骛远、粗枝大叶，不屑从小事做起。结果忽视了细节，铸成了工作中的大事故。那些真正有所成就的员工经常会对工作中的细枝末节认真参悟，决不会想当然。他们往往会牢牢抓住这稍纵即逝的机会。因此，谁在生活中抓住了细节，谁就有可能拥有成功的人生。

关注和把握细节是人的一种素质，更是人的一种必备的能力。我们如果能在细节中发现新的思路，找到解决问题的新办法，开拓出一条别人没有走过的路，则更能体现一个人的创新意识和创造性思维能力。所以我们要从以下方面养成注重细节的好习惯。

（1）上班时间不要做私活和闲聊

不论是什么私人事情，都不要在上班的时间做，绝对不要用公司的设备来干私人的事情。否则，不仅分散自己的注意力，降低工作效率，而且对于别人也会有同样的影响。它的直接后果将会导致工作不能如期完成。

（2）工作期间最好把手机调到静音或振动上

上班期间，不要随便接听私人电话，手机发出的声音会导致同事或上司的不快，而别人的不快又会影响到你的工作情绪，这样也会降低工作效率，工作任务也将不能如期完成。

（3）保持工作场所的整洁和有序

善于保持一个整洁而有序的工作环境，可以给人带来一个好心情，而一个杂乱无章的环境，则会给人混乱毫无头绪的感觉，工作容易感到疲劳，无形中加重工作负担，降低工作热情。

（4）别随意请假

有的人认为请假是小事，把请假视作理所当然的事情，于是常会找一些借口请假。比如，感冒、家中有事、孩子生病……虽然上司表面上不会说什么，但从内心里面会感到反感，还会影响工作节奏和进度。

（5）下班后不要急着回家

有的人在下班的时间还没有到，就提前把包收拾好了，只等时间一到，立即走人。其实，这样做工作挺被动，不利于自己的进步和提高。当到了下班时，应当静下心来，适当地回顾一下一天的工作，对一天的工作成果做一个小结，并适当准备第二天的工作计划，使工作有序或提前完成。

试着每天多跑十米

没有一个人的才华是与生俱来的。在成功的道路上，除了勤奋，是没有任何捷径可走的，在每个成功者的身上，都可以看到勤劳的好习惯。

不要认为每天多做一点工作是多余的，也不要觉得那是在浪费时间，其实，这是一种锻炼，是一种很好的体现价值的方式。你可以上班比别人早一点、下班比别人晚一点，将一些自己职责范围以外的事做得和分内工作一样漂亮。每天多做一点点的员工比别人更能引起老板的关注，他们成功的机会也比别人更多，因为他们已经为进一步提升做好了充足的准备。也许很多人认为自己做好分内的工作就足够了，根本没有必要去做自己职责以外的事。如果你只想成为一名合格员工，那么做好分内之事的确足够了，但这离卓越员工的标准还有差距。如果你还想继续获得提升，还想获得更大的成功，那就要每天为公司多做一点点。

每天为公司多做一点，并不是想得到更多的报酬，而是通过你的付出，可以得到很多想象不到的晋升机会和财富。

有两个年轻人，一个叫张志德，另一个叫陈诺。两人都在同一家公司上班，半年后陈诺青云直上，薪水加了好几次，张志德却仍然在原地踏步，因此他非常地不满意，认为总经理对他不公平。一段时间后，他到总经理那儿对总经理发起了牢骚。总经理一边耐心地听他说，一边在心里盘算着怎么向他述说他和陈诺之间的差距。

“小张啊！”总经理开口说道，“你的事情我们会了解的，你明天早上先到集市上，看看有些什么东西卖，然后回来给我们说说。”

第二天早上，张志德很早就从集市上回来了，他对经理说：“经理，今天早上集市上只有一位老人家拉了一车土豆在那儿卖。其他就没有了。”

“哦，是这样啊！那你问了多少钱一斤了吗？大概还有多少斤？”经理问道。

张志德听了经理的话，又往集市上跑去，一会儿回来对经理说：“老人家说，大约有300斤，两毛三一斤。”

“土豆是什么地方的，你知道吗？还有是今年的，还是去年的？”

张志德又匆匆忙忙地跑去问了回来，这时经理对他说：“你先坐在这儿，一会儿陈诺回来了，你看看他是怎么说的。”

一段时间后陈诺从集市上回来了，和经理打了一个招呼，然后拿出一个笔记本，很快就把今天集市上老人卖土豆的事说了，价格是多少，还能降多少等一些问题都清清楚楚地说明白了。同时，他还让老人家把土豆送一些到超市里去，另外老人家里的其他蔬菜也送一些来，因为这几天他们卖的蔬菜都是老人送来的，而且卖得非常好。

经理笑了笑，然后转身对张志德说：“小张，你应该明白为什么小陈的薪水比你高了吧！”

张志德不好意思地红了红脸，默默地走出了办公室。

同样的人，同样的工作，往往会有很大的差别，最重要的原因就在于自己是否比别人努力。

陈诺能够成功，能够很快涨薪水，并不是没有原因，他能获得成功是因为他比别人努力，比别人多思考。常话说："不积跬步，无以至千里；不积小流，无以成江海。"我们必须重视今天的每一次努力，对待工作要兢兢业业，踏踏实实，每天多努力一点，多做一点，只要你坚持下去，那么你追求的梦想也就离你越来越近了。

每天多做一点点，实际上是一种极其珍贵、备受看重的职业素养，它能使人变得更加敏捷，更加积极。无论你是管理者，还是普通职员，"每天多做一点"的工作态度能使你从竞争中脱颖而出。你的老板，委托人和顾客会关注你、信赖你，从而使你获得更多的机会，你的事业道路会因此而增加更多亮丽的色彩。你给予的越多，收获的也就越多，这是一条永恒的规律。当然，有可能你的付出不能马上得到收获，但你不要就此裹足不前，而应该继续深入下去。在你不经意的某个时候，你将有意想不到的收获。而且，不仅是你的老板，有时其他人也会给你相应的回报。

令你自己的地位和能力得到提升的最好办法是多做一点。比如，德国的"铁血宰相"俾斯麦，他在德国驻俄使馆工作时，薪资比较低，但他从未因此放弃努力。在那段时间，他学到了许多外交技巧，锻炼了自己的决策能力，这些都使他受益匪浅。

任何一个优秀的员工或一位成功者，他们都不会抱有这种心理。“这不是我职责范围内的事情，我根本不用操心。”如果你们任何一位抱有这样的态度，你们将永远不会得到老板的赏识。怀着这样的态度工作的人，不管学历如何，也不管经验多少，或者有多么出众的条件，成功的希望是渺茫的。因为，这样的态度随时都可能给你所在的企业造成不可估量的损失。也正是这种态度，让你在公司里无法得到长足的发展，让你真正的潜能无法得到施展。

一个年轻的小伙子叫哲海，他原来是一家小公司的普通职员，一年后他成了一家律师事务所的高级管理人员。这是什么原因呢？

哲海原来在一家服务公司当普通职员，他的成功转变是由一件小事引起的。一个星期二下午，公司所有员工都下班走了，但是哲海有一个习惯，每天下班以后，他都会在公司里多待半小时，他要确定所有同事都走完了，再把所有电脑的电源、电灯关了，然后检查所有的门窗是否关好才离开公司。这并不是他的事，但他一直都坚持着这样做。这天他还没有走，一个人走了进来，问他能不能找一名排版人员帮忙，因为他们有些事情必须急着排版，可是他们公司的员工已经下班走了。

哲海告诉他，公司所有的员工都回家去了，如果他晚来五分钟，他也要走了。同时，哲海表示自己愿意留下来帮他。

工作完成后，那位先生请哲海吃饭。饭后他打算给哲海一些工作费用，哲海坚持不要。几个月之后，哲海已经把此事忘得一干二净，那位先生却找到了他，交给他一张聘书，邀请哲海到自己的公司去工作，薪水比现在的高一倍。

多做不是吃亏。当你养成每天多做一点事的时候，你就和他人有了质的区别，你具备了其他人无法比拟的优势，在你将来的发展中，会因为这种每天多做一点的习惯得到更多的回报和收获。

自己定的小目标你还记得吗

千万人的失败，都失败在做事不彻底；往往做到离成功还差一步时，便终止不做了。

挫折是检验强者与弱者的试金石，因为弱者在挫折面前总会选择放弃。放弃，是他们最惯常的行动。一遇到困难，放弃；不相信自己，放弃；害怕失败，放弃；不想吃苦，放弃。于是在这一连串的放弃中，前途也被放弃了。

现实告诉我们，那些最成功人士获得成功的最主要原因，就是他们决不因失败而放弃。小说《哈利·波特》

的作者，为了出版这本小说，跑了许多家出版社，但由于这类书稿在当时尚无出版先例，所以很多出版社都不肯接收，当她心灰意冷时，就是这种决不放弃的信念让她坚持下去，最终她的愿望得到了实现。

著名的大发明家爱迪生曾经说过："成就伟大事业的三大要素在于：第一，辛勤的工作；第二，不屈不挠；第三，运用常识。"

爱迪生一生的发明无数，就以我们现在所使用的电灯来说，就做了不下千次的实验。如果爱迪生没有这种坚持下去的信念，那么，我们现在会有这么明亮的光源吗？爱迪生要是没有这种坚持下去的信念，他会成功吗？事实告诉我们的是"永远不会"。

她是一个对足球十分痴迷的女孩子，为了自己的梦想，她每天缠着自己的父亲带她去体校踢足球，父亲在百般无奈下，只好带着她到了体校。在这个学校里，她因为以前没有受过规范的训练，所以踢球的动作、感觉都比不上先入校的队友，这也使女孩并不突出。很多时候，她在场上训练踢球时常常受到其他队友们的奚落，说她是"野路子"球员。因为队员的奚落，女孩的情绪一度很低落。她为了进入体校挑选的后备力量，总是努力地训练着，每次选拔，她都很卖力地踢球，然而终场哨响，这一次她又没有被选中，而她的队友已经有不少陆续进了职业队，没选中的也有人悄悄离队。不过，每当这个时候，这个女孩总是表现出惊人的决心，她总是在心里对自己说：“你一定能行的，你要坚持下去，只要坚持下去了，你一定能成为一名优秀的球员。”

这个女孩的教练也总是对她说：“名额不够，下一次就是你。”所以更加坚定了天真的女孩的希望，使她树立了信心，又更加努力地接着练了下去。

下一次的选拔赛上，女孩仍没有被选上，这时的她实在没有信心再练下去了，她认为自己虽然场上意志不错，但个头太矮，又是半路出家，再加上每次选拔时，她都迫切希望被选中，因此上场后就显得紧张，导致平时的训练水平发挥不出来。她为自己在足球道路上黯淡的前程感到迷茫，就有了离开体校放弃踢球的打算。经过思想斗争，她找到了教练并且告诉教练她想退出了。教练什么也没有说，默默地看着这个平时努力训练的小女孩离开，然而，没有想到的是，第二天，女孩却收到了职业队的录取通知书。她激动不已地马上前去报到。之后，她又去找教练，这次教练对她说了一段话，教练对她说：“孩子，以前我总说下一次就是你，其实那句话不是真的，因为我不想打击你，我想的是你听到这句话应该继续更加努力地训练下去啊！”听完这段话，女孩一下子什么都明白了。她明白了，只有坚持才会胜利，只有坚持才会成功。

2002年诺贝尔文学奖获得者凯尔斯·伊姆雷，小的时候特别呆笨，被人称为“木头”。有一次他做梦，梦见国王给他颁奖，原因是他的字写得很好。醒来之后，他很想把这个梦告诉别人，但又怕遭到别人的嘲笑，最后只是偷偷地将这个梦告诉了妈妈。

妈妈说：“我曾听说，上帝把一个美好的梦想放在谁的心中，他就是真心想帮助谁完成。假若这真是你的梦，你就有出息了！”

于是从那之后，他就真的喜欢上了写作。“上帝会来帮我的！”他对自己说。就是怀着这样的信念，他开始了写作生涯。

但是三年过去了，上帝没有来。又是一个三年，上帝还是没有来。就在他苦苦等待上帝的时候，希特勒的部队来了。而他，一个犹太人，自然也逃脱不了被送往集中营的命运。

那是一段让人不堪回首的记忆。六百多万犹太人在那里被夺走了性命。他却奇迹般地活了下来。1965年，他写了自己的第一部小说《无法选择的命运》。十年之后，又有了自己的第二部小说《退稿》。而后，他又写了一系列的作品。就在他不再关心上帝是否会来帮他时，瑞典皇家学院宣布把2002年诺贝尔文学奖的至高荣誉授给了他。

当人们围着他让他谈一下自己的感受时，他说："我只知道，当你说'我就喜欢这件事，无论多困难我都会坚持'时，上帝就会来帮你！"

成功者之所以能够成功，就是因为他们比常人坚持的时间更久一些。但放弃总比坚持容易。或许前一两次还可以坦然地面对失败，但是当遭遇更多失败的时候，我们开始怀疑自己了。于是，我们便开始逃避，因为那不需费任何力气，而且还可以免受痛苦的打击。但是，成功之前总会有最黑暗的时刻，只要你能忍受那段孤独和痛苦，就可以看到光明。

凡是那些可以取得辉煌成绩的人，他们对自己的事业、能力都有强烈的自信，是从不轻易言败的。就像爱迪生，为了发明灯泡遭遇了一千多次失败，但他从来没有想到过放弃，最后取得了成功，为人类带来了光明。还有电影巨星史泰龙，在他未成名之前，也遭受了上千次的拒绝，但他还是坚持下来了，他的第一部电影《洛奇》使他一炮走红。还有美国总统林肯，他在经历了那么多的打击之后仍然可以屹立不倒，最终成为最受美国人民爱戴的一位总统……这样的例子还有很多，所有这些伟大的人物，留给我们的最大财富不是发明创造，不是丰功伟绩，而是精神财富。再伟大的发明，顶多就是改善生活的一两个领域；再辉煌的业绩，也都会成为历史；只有精神，它可以世代相传。

成功者决不放弃，放弃者决不成功。成功是一种习惯的表现，而失败也是一种习惯的表现，放弃是失败习惯中最严重的一种。

我们一直在思考：那些成功者为什么在经历重大挫折之后还能够站起来？为什么他们身处险境却不畏缩？为什么一筹莫展之时他们也要想尽办法，努力奋斗？为什么他们面对威胁还能初衷不改？

有句话说得很有道理，今天的苦难可能就是明日的辉煌！只要你愿意努力，总会有所成就。人生的机遇，是通过自己的奋斗争取来的。一个创业者在起步阶段，都需要从最简单的工作做起，甚至从底层做起！打个比喻，人就好像那成堆的湿煤，磨难就像那摇篮，经过颠颠摇摇才能成煤球儿，才能燃烧。

天底下没有不劳而获的果实，如果能战胜种种挫折与失败，决不轻言放弃，你会更上一层楼，一定可以获得成功。不管做什么事，只要放弃了，就没有成功的机会；不放弃，就会一直拥有成功的希望。

想出众，先入流

个人的力量是有限的，只有与人合作，取人之长，补己之短，才能达到互惠互利。

俗话说：一个篱笆三个桩，一个好汉三个帮。这说明了人际关系的重要性。著名的成功学大师戴尔·卡耐基曾说："一个事业的成功只有15%取决于他的专业技能，另外的85%要依靠人际关系和处世技巧。"尤其在当今社会，人与人之间的交流越来越频繁，各学科知识的深度不断增加，任何一个人，无论他有多么优秀，都不可能掌握自己所需要的全部知识。所以，现在需要的就是团队合作。我们每个人都生活在社会中，也生活在团队中，所以不再是一个独立的个体，因此必须要学会与人交往的技术。现在流行一个词叫“人脉”，就是你的人际关系的好坏。一个人如果有着广泛的人脉，那么在工作时就会得心应手。

兔子和乌龟赛跑，输了之后感到很不服气，于是便要求跑第二次。结果这次兔子吸取了上次的教训，没有再敢大意，一口气跑下来，赢得了比赛。这下乌龟又不服气了，于是对兔子说：“咱们再赛第三次吧！前两次都是你指定的路线，这次按我指定的路线跑。”兔子表示同意。结果跑到一半，一条大河挡在面前。河上没有桥，兔子想尽了各种办法也没能过得去，最后只好眼睁睁地看着乌龟捧回了奖杯。

不久，他们两个又商量着第四次比赛。乌龟说：“这样下去，也不是办法。我看干脆这样好了。在陆地上的时候，你背着我；在水里的时候，我驮着你，这样我们就可以很快到达终点了。”兔子表示同意，结果，他们用了最少的时间到达了终点。

每个人都有自身的长处和缺点，如果我们可以互相帮助，取长补短，那么就会达到“1+1>2”的效果。而如果我们孤军奋战，或相互拆台，那么就会适得其反。为了更好地生存，人类学会了合作。早在原始社会，我们的祖先就明白了这个道理。当时，人类的生存环境很恶劣，到处都是凶猛的野兽，他们各自为战不仅很难得到食物，而且生命还可能受到威胁。于是，他们便联合起来行动，因此才成为地球上的主人。

合作不是人类所特有的。为了生存，许多动物也会用这种方法。大家也许都听过“狼狈为奸”这个成语，意思是说两个坏人互相勾结。传说狼和狈长得非常相像，但是它们都有各自的缺点：狼前脚很长，后脚很短；而狈则恰恰相反，前脚短，后脚长，所以行动起来非常不便。它们生得相似且居住在一起，于是便经常合作。当遇到危险时，狈便会把自己的前爪搭在狼的背上，这样便可以很快地撤离。狼生性鲁莽，而狈却足智多谋，有了狈出主意，好多问题就可以解决了。寄居蟹和海葵也是这样生存的，它们亲密无间，同出同游。因为海葵行动不便，所以寄居蟹便背着它四处觅食。而海葵身上有许多刺细胞，触手也装满了带毒汁的孢囊，遇到敌害，便从里面射出毒汁来，又生得一副怪模样，不但可以自我保护，还可以隐藏寄居蟹。

可见，合作是人与动物共同的特性。现在，人们越来越意识到合作的重要性。毕竟，一个人的智慧是有限的，共同的智慧才是无穷的。合作，不仅可以让我们在事业上更易获得成功，也可以让我们更快地摆脱困境。现在的体育运动员比起以前的体育运动员的成绩要好很多，同是人类，成绩应该相差不大，但为什么会有这么大的差距呢？真的是因为人的潜力被很好地激发出来了吗？我们不否认人体内有很大的潜能，但是这并非主要原因。真正的原因是，随着科技水平的提高，人们所使用的体育用品得到了很大的改善。比如撑竿跳，人们开始用竹竿，后来用铝制的、合金的，再后来用玻璃纤维的。它们不仅越来越轻便，而且弹性也越来越大。正是这些外物的帮助，使人类的纪录不断地被刷新。这说明人类借助了外力。能提供我们外力的，不仅仅是一些设备和物品，人与人之间也可以相互借力。当我们遇到困境时，如果所有的人都各自为政，那么很难会取得成功。而如果大家团结一致，齐心协力，那么就可以很容易地从困境中走出来了。

每个人的能力总是有限的。有些人精力旺盛，认为没有自己做不到的事。其实，精力再充沛，个人的能力还是有一定限度的。超过这个限度，就是人所不能及的，也就是你的短处了。每个人都有自己的长处，同时也有自己的不足，这就要与人合作，来弥补自身的不足，养成合作的好习惯。

那么，如何才能使合作达到最佳的效果呢？

首先，要相互信任。人无信不立，一个人或许偶尔可以骗得了别人，但是，别人很快就会醒悟，到时就不会再与你合作了，因此你也就不可能再得到别人的帮助。对于一个企业来讲，对“信”字看得就更加重要了。企业就是很多人的组合，他们只有合作才能达到最大效力。如果员工彼此没有信任，就会像盘散沙；如果企业与自己的员工之间不存在信任，那么就会各怀鬼胎，不会真正有人为企业而努力工作。把这个范围缩小到人与人之间也是如此。如果没有信任，就不会真心地给予对方帮助，因此合作也就不会长久了。

其次，建立共同的目标。所谓“劲往一处使”，但如果你根本就不知道该往何处用力，那么就算忙活了半天，到头来也可能是白费力气。合作者之间必定有一些共同之处，而正是这些共同之处才会让他们走到一起。而这一共同之处便是他们的共同目标。共同目标必须明确，如果不明确合作就不会牢固。合作中经常出现的背叛现象就是因为双方的目标不稳固、不明确。比如，当初你们合作是因为同时受到某个人的威胁，或是面临着同样的困境，但是后来情况发生了变化，你们共同的敌人为了分解你们而与其中的一个达成了合约，或是曾经处于困境的一方此时已经走出了困境，那么这个合作很快就会瓦解了。

最后，合作需要领导。如果合作仅是两方面的，那么领导问题可能就比较好解决。如果参与合作的是多方，那么领导问题就应该得到重视了。领导是一只领头羊，就像一支军队，想打胜仗就一定要有一个好的将军。领军人物选不好，就难以达到预定的效果。

管住得住情绪才算管得住自己

在面对生活时，需要冷静；被人误解、忌妒、猜疑时，需要冷静；得意、顺利、富足、荣耀时，需要冷静；面对金钱、美色、物欲的诱惑时，需要冷静。我们应该学会用冷静的心态做事，这样才会更理智，才会增加成功的概率。

一个人生活在社会上，免不了会遭到不幸和苦难的袭击。面对从天而降的灾难，有些人能泰然处之；而有些人则方寸大乱。为什么受到同样的打击，不同的人会产生如此大的反差呢？原因就在于人们能否冷静地应对各种突如其来的生活变故。

曾效力于皇家马德里队的法国球星齐达内把足球运动

演绎得异常完美。原本已经要退役的老将为二十八届世界杯再次复出，这让无数球迷为之欢呼，这也是他最后一次向世人展示他的天赋。

这个传奇的人物在世界赛中表现得可圈可点：漂亮的“勺子点球”精彩地连过三人，以及在加时赛上那惊人的爆发力，无不让人惊叹赞许，足球似乎和他是融为一体的。然而，就在2006年世界杯决赛上，却发生了让全世界为之震惊的一幕：齐达内用头猛烈地撞击在马特拉齐的胸膛上！这个举动招致了一张鲜艳的红牌，使齐达内含着泪水从大力神杯旁走过时，整个球场融在一片蓝色的旋涡中，看球的每一个人都有一点麻木的感觉。

第二天的各大媒体上都在热烈地讨论着马特拉奇到底说了什么，让如此成熟且有经验的老手居然会如此冲动。铺天盖地的报道都是认为齐达内当时不够冷静，马特拉奇在“耍阴谋”并得逞了。他利用了齐达内的冲动，使齐达内这个法国队的核心下场，从而削弱了对手的战斗力并战胜他。但这也得归咎于齐达内的不冷静，逞一时之快， 造成不良后果，本来是自己完美的谢幕却毁于失控的瞬间。人们在忧伤地送别齐达内的同时，他也为我们上了最后一课——人要冷静。

科学研究表明，因为过度的紧张、兴奋，会引起脑细胞机能紊乱，人就会处于惊慌失措、心烦意乱的状态，这时更会缺乏理性思考，虚构的想象会乘隙而入，使人无法根据实际情况做出正确的判断。可当人平静下来，再看先前的不幸和烦恼时，你会觉得所有的恐怖与烦恼只是人的感觉和想象，并不一定是事实，实际情形往往总比人冲动时的想象要好得多。人陷于困境往往缘于自身，是对自己和现实没有一个全面正确的认识，在突变面前不能保持情绪稳定。因此，当你处于困境时，被暴怒、恐惧、忌妒、怨恨等失常情绪所包围时，不仅要压制他们，更重要的是千万不可感情用事，随意做出决定。

比如，女人喜欢三五成群地一起出门购物，和一个女朋友出门的话，这个朋友就能给你好的穿衣意见，可是几个女人在一起时，冲动指数会倍增。如果一个朋友抢先买下了你的理想衣服，另一个就可能耿耿于怀，强迫自己非买几件比别人好的才罢休。攀比时的脑袋是火热的，会给自己的购物冲动火上添油。冷静下来一看，说不定买的东西毫无价值。冷静的好处是，心态能在放松的情况下，理智地处理一件事。犹如购物，别人买到的好东西是别人的，而你要平静地找寻，说不定也会找到更适合自己的东西。

所以，冷静使人清醒，使人沉着，使人理智稳健，使人宽厚豁达，使人有条不紊，使人高瞻远瞩。冷静与稳健携手，克敌制胜。诸葛亮冷静，以一座空城吓退司马懿十万兵；越王勾践冷静，以卧薪尝胆图复国；鲁迅冷静，才有面对口诛笔伐“横眉冷对千夫指”的理智。但在不幸和烦恼面前，怎样才能保持冷静呢？

行之有效的办法不外乎是，尽心地从事自己的本职工作和培养广泛的业余爱好，暂时忘却一切，尽情享受娱乐的快感；多给人们以真诚的爱和关心，用赞赏的心情和善意的言行对待身边的人和事，你就会得到同样的回报；要学会宽恕那些曾经伤害过你的人，别对过去的事耿耿于怀。宽恕，能帮助我们愈合心灵的创伤，相信自己的情感，千万不要言不由衷，行不由己，任何勉强、扭曲自己情感的做法，只能加剧自己的苦恼而使自己更冲动。

《三言二拍》里有这样一个故事：说一老翁开了家当铺。有一年年底时，来了一人空着手要赎回当在这里的衣物，负责的管事不同意，那人便破口大骂，可这个老翁慢慢地说道：“你不过是为了过年发愁，何必为这种小事争执呢？”随即命人将那人先前当的衣物找出了四五件，指着棉衣说：“这个你可以用来御寒用，不能少。”又指着一件衣袍说：“这是给你拜年用的，其他没用的暂时就放在这里吧。”那人拿上东西默默地回去了。当天夜里，那人居然死在别家的当铺里，而且他的家人同那家人打了很多年官司，致使那家当铺家资花费殆尽。

原来这人因为在外面欠了很多钱，他事先服了毒，本来想去敲诈这个老翁，但因为这个老翁的忍辱宽恕而没有得逞，于是便祸害了另一家人。有人将事情真相告诉了这个老翁，这个老翁说：“凡是这种无理取闹的人必然有所依仗，如果在小事上不能忍，那就会招来大祸。”

要学会不在意，别总拿什么都当回事，别去钻牛角尖，别太要面子，别事事较真，别把鸡毛蒜皮的小事放在心上，别过于看中名利得失，别为一点小事而着急上火……动不动就大喊大叫，往往会因小失大，做人就要有“忍”的功夫。

我们每个人都有情绪，如果谁都可以任意发泄，那世界就会乱成一团麻。冲动反映了一个人意志控制力薄弱，冲动是理智思考的克星。我们要在刺激和危机面前，学会自制——尽量抑制正在膨胀的怒火，学会忍耐，保持冷静，理智地分析事情的来龙去脉，并从心灵深处检讨自己：是否给予了别人全部的信任，是否对自己的期望值太高，是否考虑事情的后果，只有这样才能让自己在保持冷静的情况下对所发生的事情做出正确的判断，并用正确的方式去将其做好。

03

掌控习惯：好习惯让自控力升级

3

习惯不加以抑制，不久它就会变成你生活上的必需品了。

——奥古斯丁

习惯成自然，自然成人生

人是习惯性动物。习惯很容易养成，不论是好的或是坏的习惯，都将对生活、学习、事业，乃至各个方面形成很大的影响。坏习惯会使你不求进取、堕落，最终走向失败；而好习惯则会促使你奋发向上，走向成功。

什么是习惯？习惯是一种下意识的动作，它是一个人在生活中形成的做事规律。其实，在人的一生中总在下意识地去做一些动作，而且这些动作一直都在不断地重复着，从而导致了人们在不知不觉中形成了某种习惯。正如这样一句话：习惯成自然，自然成人生。

习惯涉及一个人的修养，可以体现出一个人的文明程度，因此我们可以透过习惯看见一个人的内心世界。习惯除了影响本人的生活和事业之外，还对他人、对集体、对社会、对自然界起作用。

生活中，坏习惯让我们的生活变得不那么尽如人意。比如，有的人把衣服晾在人家窗前，把脏水泼到人家门前，住在楼上的人往底下乱扔脏东西等。这些不好的习惯，很可能让人与人之间发生不愉快的摩擦。我们在生活中遇到的诸多不便，往往也与人的习惯有关系。虽然只是小事，却让生活多了很多不和谐的声音。

更让人担忧的是，有些不良习惯还会酿成大祸。大兴安岭的火灾就是因为工作人员工作的时候把烟蒂随手一扔而引起的。赌博、酗酒、迷信等不良习惯，不知造成了多少人间惨剧。

在国内，大家对一些坏习惯习以为常，可是在有的国家，一个随地吐痰的人会立刻成为众矢之的。据说，在公共汽车上有几个外国人，边聊天边剥糖纸，几个人的动作好像是受过训练一样：他们拉开自己包的拉锁，把糖纸卷成一点扔进包里。从动作和表情来看是那么自然且不用任何思考的自然行为，这说明他们已经养成了习惯。

我们周围有不少的人在火车上嗑瓜子、吃香蕉，随手乱扔果皮。这种不良习惯并不会造成太大的问题，但是却在那个时候破坏了个人的形象。

我们再看一件发生在一位留学生身上的事。一天，他去一家公司面试，因为是上班高峰期，在电梯门口排着长长的队伍。电梯到了，其他排队的人一个一个慢慢地进入电梯，没有拥挤。留学生想轮到自己的话可能还得等上好几趟电梯，所以他一个健步就冲进了电梯。大家诧异地看着他，他装作没有在意，抬头看着天花板。可是电梯迟迟没有动，一直停在原地。开电梯的保安严肃地看着留学生，说道："先生，请你到后面！"留学生还是装作没有听见，他以为只要自己再坚持一会儿就没事了。

可是10分钟过去了，电梯就是没有开动。其他人都开始指责留学生，保安重复了一遍，说："先生，请你到后面排队。"这时候，他再也没有办法坚持，只能灰溜溜地走开了。大家鼓掌向保安表示敬意。那个留学生也知道自己在人面前丢尽了脸。

具有良好的生活习惯的人会受到人们的欢迎，而这就需要我们在平时注意培养良好的习惯，随时改正影响我们工作和生活的坏习惯。

改变人生的不是道理，而是习惯

习惯创造的奇迹多么惊人呀！习惯的养成又是多么快和多么容易呀——无论是那些无关紧要的习惯，还是使我们发生根本变化的习惯，都是一样。

培根说过：“习惯是人生的主宰。”的确，良好的个人习惯对一个人的成长和发展是极为重要的。不良的习惯会让你终生受其害，而好的习惯，会帮助你一步步走向成功。古今中外，许多成功的人士之所以能够成功，并不是因为他有多么高的智商，而是良好的个人习惯成了他们的助推器。

罗斯福是美国历史上最有影响力的总统之一。人们在分析他成功经历时发现，他的成功得益于他本身养成了许多好的习惯，而这使得他克服了很多的困难，最终成就了伟大的业绩。

关于自己的习惯，罗斯福总统是这样描述的："只有通过实践锻炼，人们才能够真正获得自制力。也只有依靠惯性和反复的自我训练，我们的神经才有可能得到完全控制。从反复努力和反复训练的角度而言，自制力的培养在很大程度上就是一种习惯的形成。"

罗斯福总统很注意自身的修养，他曾罗列出自己13个最坏的习惯，然后坚持每段时间改掉一个，最后终于把这些坏习惯统统改掉。他还注意体育锻炼，使得自己养成了果断坚毅的性格。也正因为如此，他才取得了一系列伟大的成就，他是美国历史上最年轻的总统，曾获得诺贝尔和平奖。

一个人的习惯，通常能体现一个人的品格。一个好的习惯，有时也会成就一个人的事业。

美国福特公司名扬天下，不仅使美国汽车产业在世界独占鳌头，而且改变了整个美国的国民经济状况。谁又能想到该奇迹的创造者福特是因为一个小小的纸屑而进入公司的呢？那时，福特刚从大学毕业，他到一家公司应聘，一同应聘的几个人学历都比他高，在其他人面试时，福特感到没有希望了。当他敲门走进董事长办公室时，发现门口的地上有一张纸，他很自然地弯腰把它捡了起来，看了看，原来是一张废纸，就顺手把它扔进了垃圾篓里。董事长把这一切都看在了眼里。福特刚说了一句话："我是来应聘的福特。"董事长就发出了邀请："很好，福特先生，你已经被我们录用了。"这个让福特感到惊异的决定，实际上源于那个不经意的动作。从此以后，福特开始了他的辉煌之路，直到把公司改名，让福特汽车闻名于世。

另一个例子是关于苏联宇航员加加林的。1961年，加加林乘坐"东方"号宇宙飞船进入太空遨游了108分钟，成为世界上第一个进入太空的宇航员。这个荣誉不是每个人都能得到的，他能在20多名宇航员中脱颖而出，是一个良好的习惯成就了他。在确定人选时，20个候选人实力相当。在学习之前，主设计师发现，在他们之中，只有加加林一个人是脱了鞋进入机舱的，其实脱鞋进入机舱只是他的习惯，他怕弄脏机舱。主设计师看到有人对他付出心血和汗水的飞船这么爱护，当时是多么感动啊，当即就决定让加加林执行试飞任务。

不要小看这么一个小小的细节，一个下意识的动作往往是出自一种习惯。一个好的习惯，有时真的可以改变你一生的命运!

还有一个故事是这样讲的：一个人家境贫寒，但他一直都梦想着有一天能过上很好的生活。有一天，他梦到自己见到了上帝，便对上帝说："我一直都对您很虔诚，请您保佑我过上好的生活吧！"上帝想了想说："好吧，那我就告诉你一个秘密：在世间有一块小小的石子，叫点金石，它能将任何一种普通金属变成金子。点金石现在就在黑海的海滩上，和成千上万的与它看起来一模一样的小石子混在一起，但秘密就在这儿：真正的点金石摸上去很温暖，而普通的石子摸上去则是冰冷的。只要你能找到它，那你就会过上幸福的生活了！"

这个人对上帝千恩万谢，第二天一早醒来，便迫不及待地变卖了家中所有可以卖的东西，然后买了一些简单的装备，收拾收拾上路了。他来到了黑海海边，在海边扎起了帐篷，便开始捡那些石子。

他知道，如果他捡起一块普通的石子并且因为它摸上去很凉就将其扔在地上，他有可能几百次都捡起同一块石子。所以当他摸到冰凉的石子的时候，就将它们扔进大海。他这样干了一整天，结果却一无所获。第二天，他又开始工作，捡起一颗，凉的，然后扔进海里。一天，一月，一年……他还是没有找到那块点金石，他每天就这样捡着，摸着，扔着……

但是有一天，他捡到了一块石子，这块石子是温暖的……但他随手习惯地把它扔进了海里。因为他已经形成了一种习惯，那就是把他所捡到的石子扔进海里，哪怕是那个已经来临并且是他真正想要的。

他还是那样捡着，扔着，直到有一天，有人在帐篷里发现了他的尸体。他这一生，从没有过上他梦寐以求的生活，他只是在不停地捡着石子。

你有什么样的习惯，就会导致什么样的人生。让我们记住下面这句话：播下一个行动，你将收获一种习惯；播下一种习惯，你将收获一种性格；播下一种性格，你将收获一种命运。

关于自律的灵魂十问

播种一种行为，收获一种习惯；播种一种习惯，收获一种性格；播种一种性格，收获一种命运。起初是我们造就习惯，后来便是习惯造就我们。

习惯就像是一位陌生的敲门人。刚开始，你开门请他进来，他只是在客厅坐着，和你保持着一定的距离，然后进入起居室，慢慢和你混得很熟，最后，进入卧室，主客易位，成为你家的新主人。你开始凡事听他使唤，心不甘情不愿，却也无可奈何！如果你请进门的是坏习惯，其悲惨的后果可想而知。但如果你能与好习惯朝夕相处，那么随着他的塑造，迈向成功指日可待。只是，养成坏习惯容易，养成好习惯却很难。任何人都有习惯，我们要做的是，防止那些坏习惯的发生，同时努力培养好习惯。

一个又一个习惯的积累，构成了我们的日常生活，包括起床、洗澡、刷牙、穿衣、吃饭、上班等。据心理咨询专家发现，一个人工作、学习的好坏，20%与智力的因素有关，而另外80%则与非智力因素有关，在非智力因素中（信心、意志、习惯、兴趣、性格等），占有重要位置的是习惯。所以，关注检查自己的日常行为习惯是非常必要的。这有助于我们将那些有害的习惯改为好的习惯，仅仅是一点小小的改变，也将会受益无穷。

不难发现，无论在生活中或是工作上那些成功者都能将好习惯贯彻在自己的行为中。这使得他们在激烈的竞争中脱颖而出，从而建立声誉卓著的事业。

我们所熟悉的推销大师原一平，就是这样的一个人。原一平每天清晨5点起床，接着徒步走一万步，然后拜佛、用餐、看报、访问客户。每天，他生活和工作都按照规定的时间表进行，分秒不差。他的妻子久惠说：“他之所以有优异的成绩，主要是他尽了最大的努力。譬如，半夜三更他还在镜子前照着他的脸，研究自己的笑容，以及钻研相面学。在他的车里一定备放三套衬衫和长裤，然后规定自己在上班时拜访15位客户，不管到晚上几点都要完成任务。内心里燃烧的那团火，便成了严格的工作习惯，把他推向了成功的顶端……”

习惯的好坏，决定着人的成功与失败，成功人士靠的是他们的好习惯，而失败的人往往是因为他们的坏习惯。

经常审视、解剖自我，是一件痛苦的事情，但却是一项最好的成功习惯。

在以下“限制人成功的不良习惯”中，如果你有任何一种或者几种，请务必马上着手予以改变。

（1）习惯于迟到；

（2）没有时间概念；

（3）注意力分散；

（4）抵触情绪；

（5）说话、做事情比较紧张、健忘；

（6）做事情毛手毛脚；

（7）打电话吃东西、大嗓门；

（8）不恰当的肢体语言；

（9）字迹潦草、语法错误；

（10）违反职业道德习惯。

改变旧的习惯，不是一件容易的事情，旧的习惯总是有着极大的吸引力。不少人往往是一方面想逃脱，另一方面又害怕承受痛苦，结果把自己弄得既矛盾又挣扎，折腾了一大圈，又回到了起点。改变是痛苦的，但是不改变却会葬送自己的一生。所以，痛苦一时，但会安享一世，我们必须改变。像戒烟、早起、运动、不偏食、不发脾气等习惯的养成，一次、两次、三次或者三十次，从陌生到熟悉，从改变到适应，一次一次地调适自己，养成了新的习惯之后，我们就可以享有崭新的自己了。

为了再现一个崭新的自己，下面介绍一些成功人士的习惯。

1. 热诚的态度

成功人士始终有最热诚的态度、最积极的思考、最乐观的精神和最辉煌的人生，用经验支配和控制自己的人生；失败者则相反，他们的人生是受人生的种种失败、怀疑的引导和支配。我们的态度决定了人生的成功。

2. 有明确的生活目标，并管理这个目标

如果你给自己制定了目标，那么你的生活就有了前进的动力。它不仅让你有了努力的依据，而且还对你的努力进行鞭策。它给了你一个看得着的射击靶，当你努力去实现这些目标时，你就会有成就感。有太多的人对心目中的世界没有一幅清晰的蓝图。计划不具体，无法衡量是否实现了目标，会大大降低你努力的积极性。

用一个个小小的目标，来构成一个整体的目标。把你的目标看成是盖楼的话，最高层就是你的人生目标，你定的目标和为达目标而做的每一件事，都必须指向你的人生目标。高楼由几层组成，最上的一层为主要目标，最核心的这一层包含着你的人生总目标。下面每层是为实现上一层较大目标而要达到的较小目标。

3. 勤奋永不过时

世上无难事，只怕有心人。一个勤奋并不断向着自己目标前进的人，整个世界都会给他让路。

4. 善于理财、预算时间和金钱

时间会消逝，金钱会减少，而学会控制时间与金钱的流动与走向才是一个成功人士的重要特质！

5. 经常运动

拥有健康的体魄是成就事业的资本。成功人士，几乎都有自己喜欢的体育运动项目。

6. 严于律己

一个人律己能力的强弱，对他人生的成功有很大的影响。

（1）遇到令你生气的事情时，你能沉默不语吗？

（2）做事三思而后行的人是你吗？

（3）你常有平和的性情吗？

（4）让情绪控制的理智是你所喜欢的习惯吗？

7. 好学谦逊

（1）把不断学习更多的知识作为你的职责吗？

（2）对你所不熟悉的问题发表“意见”是你所习惯的吗？

（3）自主地学习你会吗？

成功的人，利用一切可以学习的机会。

8. 人际交往

你有良好的人际关系吗？

9. 信念

信念让能者无疆，信念决定人生的高度！

10. 立即行动

行动计划你已设定，你的成功已展示于面前。那就别再犹豫，请立即行动吧！

学坏三天，学好三年

对我们的习惯不加节制，在我们年轻精力旺盛的时候不会显示出它的影响。但是它逐渐消耗这种精力，到衰老时期我们不得不结算账目，并且偿还导致我们破产的债务。

你现在为什么没有成功？有哪些阻碍你成功的坏习惯？你是不是喜欢偷懒、拖延，凡事没有计划，随意浪费时间？现在的你就是你的习惯造成的。

习惯对人的命运的影响是巨大而深远的，仔细分析古今中外所有功成名就的人，就会发现这样一个事实：几乎所有的人身上都有乐观、坚韧、百折不挠等优点；相反的，所有失败者身上则都有着这样一些恶习：胸无大志、悲观消极、缺乏毅力等。好习惯使人成功，坏习惯使人失败。正如英国作家王尔德所说："起初我们造就习惯，后来是习惯造就我们。"

我们来看看奥运会金牌获得者，无论是游泳、体操、射击选手，还是职业网球、棒球、篮球选手，都是从很小的时候就开始训练，接受严格的指导和监督，甚至大部分获得者都相当年轻。这么年轻的运动员能有杰出的表现，是因为他们一开始就全盘接受了教练的要求，并养成了良好的习惯：练习、饮食、睡眠、再练习，始终让这种习惯伴随自己，成为迈向成功的轨迹，一直奔向取得好成绩的目标。

毋庸置疑，好习惯是获得成功最好的帮手，坏习惯则会成为把人们推向失败的"凶手"。

曾经有一位哲人，希望弟子能改掉一些不良的习惯，于是他带他们来到树林里。他们来到一处，这里长着高矮不同的四株植物，第一株植物是一棵刚冒出土的幼苗；第二株植物已经算得上挺拔的小树苗了，它的根牢牢地扎根于肥沃的土壤中；第三株植物已然枝叶茂盛，差不多与年轻的学生一样高大了；第四株植物是一棵巨大的橡树，树冠如一把巨伞，直插云端。他叫出其中一位弟子，让他把第一棵最矮的植物拔出来，这位弟子用手指轻松地拔出了幼苗。于是，他又让弟子拔出第二株植物，弟子稍加用力，便将树苗连根拔起。于是，他让弟子把第三棵植物也拔出来。弟子看了看，先用一只手进行了尝试，然后改用双手，经过一番努力，终于把它拔了出来。哲人接着说，那么，现在把第四棵植物也拔出来吧，弟子抬起头来看了看眼前巨大的橡树，诚实地告诉师傅，自己无能为力。这时候，哲人转过头来对所有的弟子说："习惯就和这些植物一样，根基越雄厚，就越难以根除。好习惯如此，坏习惯也是一样。"

要想纠正坏的习惯，就要承受过程的痛苦。曾经有一位父亲，发现自己10岁的小儿子居然模仿大人在吸烟，于是他把一盒烟递到儿子跟前，让他全部抽完，结果儿子呕吐不止，从那以后儿子再没吸过烟。

对于生活中的坏习惯，只要有意识地去改，你就可以去掉它。坏习惯犹如身上的毒瘤，如果你对他们视而不见，总有一天他们会将你毁灭。我们只有及时清理掉这些毒瘤，才能健康地发展。

习惯是培养出来的，不是天生的。当你改变自己的习惯时，你改变的是你自己；当你没有培养自己一个好习惯时，你就是在培养一个坏习惯。俗话说，“学坏三天，学好三年”，如果要养成好习惯，我们首先要约束自己，直到将良好的做事方法变成一种习惯。

滴水穿石，改变要从细微处着手

良好的行为习惯，可以从一个人的一举一动上反映出来。生活中那些看似不起眼的习惯在某些时候却成为决定我们成败的关键。所以，我们必须严格要求自己，努力培养好习惯，杜绝坏习惯。

一个人的成功与习惯是分不开的。

相信很多人都会明白习惯对我们的生活、事业乃至未来命运所具有的影响。既然是这样，就不要再等待，应该积极行动起来。要知道，好习惯并不是与生俱来的，而是通过我们付出努力培养出来的。

小蚂蚁刚刚学会爬高高的石头，开始慢慢习惯了依靠自己的力量爬行。于是，它就去和别的小虫子炫耀自己的本领。其他小虫子看了以后非常佩服，忽然其中一个小虫子问它："你往高处爬的时候，是先迈左脚，还是先迈右脚？"得意的小蚂蚁一听，回答道："当然是……"它想是右脚，可是当它迈出右脚的时候，又觉得是先迈左脚。它犹豫不决，是左脚还是右脚，想着想着，自己就从石头上掉了下来，大家哈哈大笑。

小蚂蚁委屈地回家问别的蚂蚁，一只老蚂蚁告诉它："我爬了一辈子，也不知道自己是先迈左脚还是先迈右脚，可是，孩子只要你习惯了爬行，左脚和右脚又有什么区别呢？"

所有习惯往往都是在无意间养成的。但如果你总是让自己在无意间养成一些习惯，那么就难免会在不知不觉中形成一些坏习惯。我们要做的是，在努力培养好习惯的同时防止坏习惯的养成。

心理学家称习惯为人们感受刺激与做出反应之间的稳固链接。人们的习惯有好坏之分，它们泾渭分明。我们每个人身上一定有很多好的习惯，也一定有些不好的习惯。坏习惯是一种藏不住的缺点，别人都看得见，他自己却看不见。好习惯是人人称道的优点，是会遭人妒忌或让人羡慕的。事实上，成功与失败的最大区别，就是来自不同的习惯。好的习惯是开启成功之门的钥匙，而坏习惯则是一扇通向失败的门。

那么，我们应该如何养成好的习惯呢？

好习惯往往是从小养成的，就像每天刷牙洗脸、铺床叠被一样，习惯成了自然。诸如，在日常生活中，我们每个人饭前、便后要洗手这样的好习惯也并不是与生俱来的，这种习惯也是经过父母或他人无数次强调和纠正，才得以养成的。“花园城市”新加坡的自律习惯就让人赞叹不已。但是你可曾知道在这些良好习惯培养之初，政府甚至动用了警察、监狱等国家强制措施来执行。所以，“好习惯出自强制”，这是个不折不扣的真理。

当然，好习惯的养成除了靠制度的约束、教育的陶冶外，还要依靠自己的决心和勇气。任何一种习惯的培养，都不是轻而易举的，它一定要依照循序渐进、由浅入深、由近及远、由量变到质变的过程。

可能有的人会说：“我也知道随地乱丢弃废物、吐痰不好，可就是不由自主啊。”这就说明你已经养成了随地吐痰、丢弃废物的坏习惯。坏习惯的纠正尤其不容易，你必须要有坚强的毅力。每当你吃食物的时候，刻意关注你手中的包装袋，强迫你自己一定要把它扔进果皮箱里；随身带上卫生纸，如果想吐痰，就把它吐到纸上或直接吐在痰盂里。这样，坚持一段时间，你就会惊奇地发现，即使手里拿着废弃物也决不会乱扔了。久而久之，就养成了良好的生活习惯。习惯一旦养成了就不容易改变了，改变了这种生活习惯，生活反而会变得不习惯。美国科学家研究发现，一个习惯的养成需要21天的时间，如果真是如此，从效率的角度分析，习惯的养成应该是投入、产出比最高的了，因为一旦你养成某个好习惯，就意味着你将终身享用它带来的好处。

1978年在巴黎聚会，有75位诺贝尔奖获得者，有记者问其中一位：“你在哪所大学、哪所实验室里学到你认为最重要的东西呢？”这位白发苍苍的学者回答说：“是在幼儿园！”这样的答案实在是太出人的意料了。记者又好奇地问：“那您在幼儿园里学到了什么呢？”学者微笑地说：“把自己的东西分一半给小伙伴们；不是自己的东西不要拿；东西要放整齐，饭前要洗手，午饭后要休息；做了错事要表示歉意；学习要多思考，要仔细观察大自然，从根本上说，我学到的全部东西就是这些。”

这位学者的回答，代表了与会科学家们的普遍看法——成功源于良好的习惯。

古希腊伟大的哲学家柏拉图曾经告诫一个浪荡的青年说："人是习惯的奴隶，一种习惯养成后，就再也无法改变过来。"但是那个青年却不以为然："我所做的，只不过是逢场作戏，那又有什么不好的影响呢？"这位哲学家听了青年的话，正色说道："一件事情如果一经尝试，就会逐渐形成为习惯，那它所带来的影响可就不会小啦！"三国时期的蜀主刘备亦告诫他的儿子刘禅："勿以恶小而为之，勿以善小而不为。"

英国诗人德莱敦曾经说过："首先我们养成了习惯，随后习惯养成了我们。"在我们日常生活中：几点起床、就寝，就是一种习惯；穿衣的款式、颜色喜好，也是一种习惯；甚至我们的做事方式等，这些都是习惯在起主导作用。

脑生理学专家查尔斯·谢灵顿博士认为，在我们学习的过程中，神经细胞的活动模式与磁带录音相类似，每当我们记忆起以往的经历时，这个模式便重新展示出来。譬如，你对失败习以为常，你将习惯于接受失败的感情。同样，如果你能建立起一个成功的模式，你便能够激励起胜利的感情色彩。从这个意义上说，改变我们的习惯，也就能改变我们的命运走向。心理学家甚至还相信，人类大约有95%的行为，是通过习惯养成的。

而那些坏习惯呢，它们就像一条有太多孔洞的破船，任你想尽任何办法，也无法阻止它继续下沉。你何不彻底改正你的坏习惯呢？如果你已经有了这种打算，那么你就立刻用一种好的习惯来代替它吧，只有掌握了好的习惯，你才能掌握迈向成功的方向。

美国总统华盛顿在青年时期，留着一头火红的长发，脾气火爆。试想一下，要是他没有学会靠自我控制改变自己的坏习惯，那他日后还会成为美国的第一任总统吗？

坏习惯，大多是由一些偏差行为一再重复，从而形成的较为固定的行为模式。坏习惯，大抵表现为与时间、地点及身份不相符合的行为。要想改掉这些坏习惯，学习则被公认为是一种最为行之有效的方式。由此，我们可以通过某些方式的“学习”，校正我们的某些偏差行为，消除坏习惯。

规划好今日等于拥有两倍的明日

人应该支配习惯，而不是习惯支配人。记住：自己所做的每件事只要多做几次就会成为习惯，今天就行动，不要等到明天。

富兰克林说：“把握今日等于拥有两倍的明日。”无论做任何事情，只计划是没有用的，要想实现目标需要的是从现在开始马上去做。

歌德曾经说过：“把握现在的瞬间，从现在开始做起。只有勇敢的人身上才会附有天才、能力和魅力。因此，只要做下去就好，在做的过程当中，你的心态就会越来越成熟。能够有开始的话，那么，不久之后你着手的工作就可以顺利完成了。”对工作是这个样子，对习惯也是同一道理。我们每一个人都有改变自己习惯的想法，只是没有改变的行动。我想每天早起去跑步，每天吃早点，每天早5分钟到学校，想复习昨天的功课，想今天完成今天的工作。这些美好的想法在我们脑海中不断地出现，在一阵闪现之后，又消失不见，如此循环往复。

著名诗人爱德华·杨格说：“明天是空想家最‘强大’的武器；行动者的利器则是今天。明天，既是懒虫们的工作日，也是傻瓜们的改革时，更是凡人们躺着梦想升天的好日子。”明天成了我们的借口，总是把今天要做的事放到明天，那么我们的成功永远也在明天，生活不会有任何改变。

习惯是过去养成的，而要改掉原先的不良习惯，养成好的习惯就得从现在开始。如果决定了改变自己的习惯，就得从今天改变。犹犹豫豫、拖拖拉拉必然要付出更大的代价。能拖就拖的人心情总是疲惫而不愉快的。因为没有做完的事情让自己不断地感受到紧迫感。拖拉不能省下时间和精力，正好相反，它让人心力交瘁，疲于奔命。

改变习惯需要毅力。绝大多数的人都希望拥有好习惯，其实能养成好习惯的人为数不多，我们知道要养成好习惯应该怎么去做，却难有毅力坚持去养成一个好习惯。好习惯需要我们花费时间和精力去慢慢培养，而坏习惯似乎在不知不觉中就跟随着我们，甚至深受其害还没有知觉。

要改掉坏习惯首先就是意识到其存在，遗憾的是我们的大脑在执行坏习惯的时候总是比执行好习惯还要好使。改变坏习惯用富有成效的行为来代替旧的行为，如此改变坏习惯相对比较容易一些。

04

拒绝拖延：自律让成功不再等明天

4

如果你在小事没办法约束自己,你在大的事情也很可能不约束自己。

——巴菲特

找得到借口找不到方法

很多的拖延，我们并没有意识到。也就是说，我们并没有意识到那是在拖延，我们就像睡着了一样。可也正是这种拖延，悄无声息地给我们的生命造成了难以挽回的损失。

拖延与借口是孪生姐妹，往往越拖延借口越多，越找借口越拖延。细心观察一下周围，你就会发现这一点。那些经常找借口的人，做起事来必然是拖拖拉拉的。而且似乎在做事之前，他们就已经想好了借口。

李维在一家奶制品公司的销售部门工作。这是一家新公司，要想在市场上站住脚并生存下去，就得尽快打开销路。因此他的任务也很明确，公司规定他每个月必须要发展5个新客户。

工作的压力确实非常大。可就是在这样大的工作压力面前，李维表现却并不积极，工作起来也没什么干劲儿。当别的销售代理都在绞尽脑汁想办法怎样打开市场时，他却一个人坐在自己的位置上昏昏欲睡。

到了月末，经理对他说："把这个月销售情况和发展新客户的情况报表让我看一下。"

翻开李维递过来的报表，经理很意外，问："其他销售代表大多都完成了发展5个新客户的任务，你怎么只有两个新客户？"

对此，李维脱口而出："我联系了很多客户，有的客户已经谈妥，却出尔反尔，所以结果只发展了这两家新的客户。"

经理有些不满地看了他一眼，丢下一句"下个月必须完成任务"，就走开了。

第二个月，李维依旧没能完成任务；第三个月，公司让他卷铺盖走人了。

其实，李维不一定就完不成公司的任务，只是在接到任务的时候，他就认为：现在的奶制品行业想要达到那些品牌厂家的销售量，根本就是不可能的。很多消费者都形成了固定的品牌消费，想要发展新的客户，难度太大。

事实上，李维确实也联系了不少客户，只是他办事拖拉，不能有效地跟进做宣传，从而使这些客户大多都跑掉了。

这是一个到处充斥着借口的世界。各种各样的借口，你总是很轻易就能听到。该做的事没做——一定是“我被其他一些难缠的事情耽搁了”；约会迟到了——一定是“我早就往这儿赶了，只是路上塞车”；答应别人的事没用心——一定是“因为我这段时间太累，所以……”

我们似乎也习惯了这样的借口，而且时不时地我们也会用类似的借口去搪塞别人。我们忘了，这些借口背后隐藏着的，其实就是我们行为上的拖延。其实拖延不仅是一种惰性的表现，很大程度也是有借口在背后撑腰。若没有这些借口，拖延或许就不会发生。

刘明是一家大型投资公司的部门经理，每天都忙得焦头烂额，可事情却总也处理不完。一段时间下来，他感到压力重重，却没有成效，整个人就像快要崩溃了一样。

一天，他发现自己的顶头上司王经理似乎还没有他忙，总是一副非常从容的样子。这令他很费解。按理说，王经理应该比自己更忙才对，因为他每天要做的工作，比自己多多了，这一点刘明很清楚。

于是，找了个合适的机会，刘明敲开了王经理办公室的门。当时，王经理正好在接听一个电话。他点点头，示意刘明坐在沙发上等候。从王经理的只言片语，刘明听出这个电话应该是他的一个下属打过来请教问题的，王经理很快就对问题做出了答复。正要放下电话时，另一部电话铃声响起，王经理拿起电话，又是一个询问的电话，经理问清楚事情原委后，稍微停顿了几秒钟，思考之后立即做出了答复。

忙完了，王经理向刘明表示了刚才没有打招呼的歉意。然后问："小刘，你有什么事情吗？"

刘明笑了一下，说："王经理，刚才您的行动已经帮我解决了问题，我想我现在已经没什么问题了。"

王经理也没有追问事情的原委，只是说了句"那就好"，接着去处理其他问题了。

原来，刘明每天也会接到很多下属打来的询问电话，也要处理很多下属的请示。但他在面对这些问题时，采取的态度就是拖延。他的确很忙，而"忙"成了他拖延解决问题的借口。短短几分钟，他看到王经理办公的习惯和自己截然相反，他碰到事情一定不会因为手里的事情多而拖延，总是尽量解决问题，这样不但问题得到了解决，办事的效率也会更高。

小犹豫错过大机遇

拖延并不是什么无关痛痒的小问题，在我们的日常工作和生活中，偶尔的一次或几次拖延或许无可厚非，但若拖延成为一种常态，对生命的耗损就不可估量了。

迈克今年二十岁，住在美国的一个小村庄。他的叔父是一个商人，在小镇上开了一家商店，就让迈克去他的商店里上班。每天早上，迈克都要搭乘驿车去店里工作，晚上再搭乘驿车回家。他的叔父是个吝啬的人，只付给他很低的薪水，每天却有忙不完的工作。他时常诅咒、抱怨这样的生活。

那是夏季里的一天，他没等来驿车，只好迈着双腿往小镇里赶。从早上走到将近中午，他又累又热，心想：还是找个阴凉的地方坐下来歇歇，如果能等来驿车更好！不一会儿，他在路边找到了一处地方，这里泉水涌流，树丛成荫。他跪下去，捧起沁人心脾的清泉贪婪地喝着，然后躺在柔软的土地上，头枕着他的小包裹。没多久，他就睡着了。

路上行人匆匆走过，步行的、骑马的，或者乘坐各式各样的车辆的都有。有人注意到了睡在路旁的迈克，也只是匆匆一瞥，然后目不斜视地走过去了。一位中年寡妇走过来，停下来仔细瞧了瞧熟睡的迈克，自言自语地说：这小伙子睡觉的模样真逗人。一位极力反对酗酒的牧师看到他睡在路旁，认为一定是喝多了酒，决定下星期在教堂里布道时，将这位年轻人作为酗酒的反面例子。

过了没多久，一辆华丽的四轮马车从大路上驶过来，在他睡觉的附近停下。一匹马的脚伤了，车夫想让马歇会儿再走。从马车上走下来一对穿着考究的年老夫妇，打算利用这个时间在树荫下休息。他们看到了在泉水旁熟睡的迈克，就轻轻地走着，尽量不弄出声响，生怕会把他吵醒。

“这一觉，睡得可真香，呼吸多平静、多轻松！”丈夫说，“如果能像他一样睡的话，不用吃安眠药，真的是太有福气了。想一想，我有像这样的睡眠，还是多久之前的事了。”

“他还年轻，”妻子安慰丈夫说，“像你我这些上了年岁的人，当然再不会像他这样睡得香甜。”

老夫妇俩安静地对注视着这位安静地睡着了的年轻人，越来越感兴趣。

“他的相貌有点像我，”妻子对丈夫说，“跟我们的儿子更是像极了，我们叫醒他好吗？”

“为什么呢？”丈夫说，“我们并不清楚他是一个什么样的人。”

“这孩子有着善良的脸。”妻子平静地说着，“睡觉的样子如此天真无邪！”

老夫妇俩的谈话并没有惊醒迈克，他仍旧那样一动不动地熟睡着。他面部所有的表情，表明了他完全不知道身旁有这样一对老夫妇正以极大的兴致在观察着他。就是在此时此刻，幸运之神正站在他身旁，只要他不是睡得这样沉，他的命运或许就会因此而不同。

这对老夫妇很富有，可他们的儿子最近死去了。老来丧子的两人伤心悲痛之余，正准备找一个合适的人来继承他们的全部钱财。看着熟睡的迈克，两人犹豫着是否要叫醒他，认他做他们的儿子，然后让他成为财富的继承人。

“我们还是叫醒他吧？”妻子再次询问丈夫。

就在这个时候，车夫叫道：“马已经歇过来了，我们可以走啦。”

老夫妇俩停止了谈话，有点吃惊地对望了一下，然后起身走向马车。一坐进马车，认迈克做儿子的想法对他们来说立即变得十分可笑，他们为自己的脑瓜子里竟会产生出这种奇怪的念头而感到惊异。而此时的迈克，还在他甜甜的睡梦当中。

又过了一会儿，大约十分钟，一位年轻的姑娘从路那边走过来。她步履轻盈，体态婀娜，美极了。她也来到泉水旁，停下喝水，抬头无意间发现了睡在那里的迈克。起初，她感觉自己就像未经允许闯入了一位绅士的卧室一样，有点慌乱。正当她准备离开时，忽然看到一只特大的蜜蜂在迈克的头顶嗡嗡叫着盘旋。出于好意，她用手帕赶走了那只蜜蜂。就是这个善良的举动，姑娘对迈克屏息凝视了一会儿。

“挺帅气的一个小伙！”姑娘暗自心想。

迈克的脸上既没有露出笑容，也没有谢意的浮现。虽然这位姑娘，或许正是他梦中的姑娘，他只要看一眼，就会深深地爱上她，或许还会和她度过一生的幸福。然而这一切都没有发生，他仍旧熟睡着，哪怕连交谈几句话都没有。

“睡着的样子可真可爱！”姑娘自言自语地说，然后起身离开了，看上去似乎若有所思。

这位姑娘的父亲是一位远近闻名的富商，最近正寻找一个像迈克这样的小伙子来帮他打理一家商店。只要迈克不是睡得那么沉，醒了过来，结识了这位漂亮的姑娘，他也许会成为她父亲众多商店里的一名经理，甚至还可能与姑娘成亲——就这样，好运气又一次与迈克擦肩而过。

迈克睡了将近两个钟头，才见他动了动身子，慢悠悠地醒了过来。清醒之后，他马上意识到时间太晚了，赶忙起身赶路。就在这时，路上传来了马车轮子的巨大声音，驿车来了。迈克急忙跑过去，问车夫：“你好，车上还有位子吗？”

“算你运气好，车顶上还有一个位子！”车夫答道。

迈克爬到车顶，坐到位置上，车夫重新催动了马车。马车在大路上快速行驶着，迈克想象着吝啬的叔父大发雷霆的样子，心里不免又抱怨起来，而对他刚睡过的地方，连回头瞧一眼都没有——他不知道，就是在那里，幸运之神对他微笑过；也就是在那里，他差点就拥有巨大的财富和浪漫的爱情。

别让拖拖拉拉成为常态

我们在拖延中虚耗生命，并且对此视而不见，居然还认为自己是如何热爱生命！难怪有人说，大多数人是不带脑子生活的——他们思考，却并不知为何而思考；他们活着，还以为这是一种常态！

记得五年前，第一次被一个小男孩喊“叔叔”的时候，心里无缘由地感到很失落。回到家后，竟然像一个女人似的对着镜子瞅。自己确实是不再年轻了，眼角深浅不一的皱纹和将要光秃的头顶。

事后我瘫坐在沙发上想了很久：自己并不是怕老，毕竟这是人生必然的历程，只是“春来秋去老将至”，却仍旧是一事无成，这让我不寒而栗。其实自己也不是没有目标，只是太多时候更像是一个“思想上的巨人，行动上的矮子”，太多的时间白白浪费了，太多的事情拖而未做，直至再也无从入手。

《老子》说“胜人者力，自胜者强。”一个人只有战胜自己，才称得上是一个真正的强者。可是要真正做到“自胜”这一点，显然有太多人不及格。人性是有弱点的，拖延就是其中之一。尽管每一个人都是如此地爱惜自己的生命，可仍旧难以克制拖延这一人性的弱点。或许他们并不觉得拖延是什么大毛病，或许他们也经常因拖延而焦虑不安。

很多年前，有个流浪艺人，刚四十岁就骨瘦如柴，形容枯槁。去医院检查，医生诊断出他得了肝癌，还是晚期。他有过一次婚姻，没几年妻子就离他而去，只留下一个儿子。临终前，他把年仅16岁的儿子找来，叮嘱他说：“我走了以后，你要好好活着，万事不要拖延，不要像我一样，到老都没什么成就。我年轻时生活散漫，日夜颠倒，烟酒都沾，正值壮年就得了绝症。你要谨记在心，不要再走我的老路。”

说完，他咽下最后一口气，而他16岁的儿子，只是懵懵懵懂懂地站立一旁。

转眼间，他儿子已经长大成人，像流浪艺人担心的那样，他生活散漫、拖延成性，还经常在酒家、赌场闹事。有一次与客人发生冲突，因出手过重而闹出人命，被捕坐牢。出狱后，人事全非，发觉不能再走老路。但是，自己无一技之长，无法找个正当的工作，只好下定决心，回到乡下，靠做一些杂工维生。

由于他年轻时无法体会父亲临死时那番话，终身一无所长，年近半百才成婚。现在年事渐长，逐渐能体会到父亲那些话的意思了，可似乎为时已晚。他的体力一天不如一天、一年不如一年，面对着难以为继的家，想想自己之前白白浪费掉的时光，心里有着无限的忏悔与悲伤。

一天夜晚，他喝点酒，带着酒意回到家之后，把16岁的儿子叫到了跟前。他先是一愣，眼前仿佛有一面镜子，而镜子里不就是当年16岁的自己吗？此时，父亲临终前嘱咐的景象在脑海中浮现，他开始有些自责地喃喃自语：“当年，我怎么就没听父亲的话呢！”

说着，眼泪顺着脸颊流了下来。儿子站在面前，懂事地安慰他说：“爸爸，您喝醉了，早点休息吧！”

“我没有醉，我要把你爷爷叮嘱我的话告诉你，你要牢牢记住。”

“爸爸！什么话这么重要呀？”

“当年你爷爷临终时叮嘱我说‘万事不可拖延’。我当时没听进去，也没听懂，结果耗尽一生才体会出这句话的道理，可惜为时已晚。”

“这是一个很简单的道理，人人都懂得啊！”

“是很简单，但却并不是每个人都能够做到。一定要趁着年轻时就努力奋斗，不然老了就像我一事无成。你一定要深深记住这句话，认真对待每一件事，不要让光阴虚度。”

“莫等闲，白了少年头，空悲切。”万事不可拖延，这个道理很多人都懂得，却很少有人能做到。人生的遗憾和悔恨，大概也就是这样造成的。我们总觉得时间还很充裕，拖一拖没关系。其实，我们更应该多看看镜子里的自己，那岁月的流逝，那没能实现的梦想，还有那不时涌来的空虚和无助，只是因为拖延！

甩出的锅迟早要自己背

我们要相信：成功完全是自己的事情：没有人能促使一个人成功，也没有一个人能阻挠一个人达成自己的目标。只有我们把想要办成的事付诸行动，才能走向成功。

1899年，在美国底特律，一个名叫塞巴斯蒂安·克雷斯吉的人开办了一家名为“克雷斯吉五——10美分店”百货商店。新店开张伊始，就广受欢迎。1959年，随着美国郊区居住热的持续升温，时任该公司总裁的昆宁·海姆经过冷静的分析，毅然决然地大举进入低价销售行业。

就这样，三年之后，第一家名为“凯玛特”的大型折扣店开业。该店占地面积60000平方米，以“廉价、薄利”为原则，出售全国知名品牌或自有品牌的日用百货，并实行“不满意可以退货”的服务。此举更是受到了广大消费者的热烈欢迎，“凯玛特”的名气也与日俱增，各地的分店争相开业。其他企业见状纷纷效仿，于是大型折扣店逐渐超越传统的百货店，成为美国零售业的主流。

进入20世纪70年代之后，“凯玛特”成为美国零售业高质低价的代名词，不仅创造了自己的辉煌，也改写了一代美国零售业的历史。同时，“凯玛特”也先后成为报纸广告、电视促销等营销方式的先驱。仅仅在10余年时间里，销售额就达到了46亿美元。而现今世界零售第一巨头的沃尔玛，当时的销售额仅为1.67亿美元。

让人始料未及的是，从辉煌到衰败，“凯玛特”也只用了10年。当进入20世纪90年代之后，如日中天的“凯玛特”就开始走下坡路。1994年上半年，销售额虽然达到了160亿美元，却首次出现了8200万美元的亏损。

同年7月，为了维持日常的开销，不得不以9.28亿美元卖掉了澳大利亚的科里斯麦尔的21.5%股份，两个月之后，又相继关掉了110家连锁商店。之后，又以9亿美元卖掉了两家专业零售店办公大楼和运动之家的大多数股份。也就是在这一年，为了节约开支，先后裁掉了近7000人。

到了本世纪初，曾拥有400亿美元资产、全球2114家分店、25.2万雇员的超级连锁零售商——“凯玛特”，陷入了前所未有的困境。到了2001年10月底，“凯玛特”的资产已经缩水到170亿美元，负债却高达113亿美元。于是，2002年1月22日，曾经辉煌的“凯玛特”向芝加哥联邦破产法院申请破产保护，成为美国历史上寻求破产保护的最大零售商。

“凯玛特”的倒下，原因或许有很多。例如开太多的分店、一味把降价作为促销手段、公司人员众多等。但最能说明问题的或许是一个被人们争相议论的故事：一次会议结束时，一位员工在总结时发现还有一个问题没有解决，于是就向正坐在身旁的上司请示如何解决。恰好，他的上司也不知道怎么解决这个问题，又顺水推舟地把问题推给了自己的上司。结果，这个亟待解决的问题就这样一级又一级向上请示，最后摆在了公司总经理帕金的面前。对此，无奈的帕金说：“真是可笑，就没有人想着去解决问题，而是将问题一直推到最高领导那里！”

拖延的人会适应低配的生活

人生如“白驹过隙”。生命远没有我们所认为的那么长，且不说它有时有多么脆弱，即便能安安稳稳地终老，算来也只是弹指一挥间！切不要当生命开始倒数的时候，才惊醒不能再拖延。生命最承担不起的，就是拖延，毕竟在拖延中虚度，最终虚度的是我们的人生！

有两个病人同时住进了五官科病房，都是鼻子不舒服。在等待化验结果的时间里，甲说如果他得的是鼻癌，就立刻去旅行，把祖国的大好河山好好浏览一番。乙听后，也同样如此表示。没几天，化验结果终于出来了：甲得的是鼻癌，乙只是鼻息肉。

乙离开医院时，甲如此向他告别：“再见吧我的兄弟！或许你我再没有见面的机会了！我不知道自己还能活多久，过去按天过，现在论秒了……”

甲很快就列出了一张告别人生的计划表，一刻都没有拖延，然后悄悄离开了医院。甲列出的计划表如下：去一趟拉萨和敦煌；从攀枝花坐船一直到长江口；到海南的三亚以椰子树为背景拍一张照片；在哈尔滨过一个冬天；从大连坐船到广西的北海；登上天安门；读完莎士比亚的所有作品；力争听一次瞎子阿炳原版的《二泉映月》；写一本书……凡此种种，总共有27条。

在这张生命清单的后面，他写下了这样一段话：我这一生有太多的时间被浪费了，现在老天留给我的时间不多了，生命开始了倒数，我不能还躺在病床上虚度，要去做一些自己真正想做的事。

从医院出来后，甲先去公司辞掉了所有的职务，然后马不停蹄地前往拉萨和敦煌；第三年，甲又以惊人的毅力和韧性通过了成人考试。在这两年多里，他到过三亚，也登上了天安门，还去了内蒙古大草原。遇到一户很热情的牧民，并在蒙古包里住了一个星期。现在，甲正在实现自己写一本书的愿望。

一天，乙偶尔在一份报纸上看到了一篇很具哲理的散文，是甲写的。惊奇之余，乙便给甲打去电话询问他的病情。通过电话，听得出甲的精神状态很好，一点也不像一个时日无多的病人。在电话里，甲不无欣喜地对乙说："我真的无法想象，要不是这场病，我的生命该有多么糟糕！是它提醒了我，去做自己想做的事，去实现自己想要实现的梦想，不要再拖了！现在我才体味到，原来生活可以过得如此有意义！"

两个人聊了很长时间。临了，甲在电话里问乙："你现在的生活也过得挺好吧！"

乙干咳几声，没有回答。在医院时，他也说要去拉萨和敦煌，也要好好浏览一番祖国的大好河山，可因患的不是癌症，这些想法早就被抛在了脑后。

很多时候，我们并不是没有时间去实现自己的计划，而是因为时间太充裕了，以至于让自己纠缠在一些多余的事情里，忘却了那些应该做的事。其实，每个人都患有一种不治之症，那就是死亡。我们之所以没有像那位患鼻癌的人一样，为自己的生命列出一张清单，为了实现梦想而把其他的一切都抛开，就是因为我们一直认为还有的是时间。也正是因为有这样的想法，我们总是在拖延，而且还并不以此为意。

人就是这样，总习惯性地漠视，直到失去了，才蓦然懊悔没有好好珍惜。春暖花开，并未认真去观赏，哪怕只是一朵花。等到花谢了，才惊叹自己错过的是一个多么绚丽的季节；月明星稀，并未想过抬头仰望，等到乌云密布了，才想起那是一个多么美妙的夜晚。

凡此总总，其实只因为一个原因，来日方长。春去春又来，错过了今年花开，来年还会花开满枝头；而晴朗的夜空今晚不是，有的是晴朗的夜晚。

有人说人生最痛苦的就是生离死别。可好像非得经历一番这样的痛苦，我们才能懂得时间的珍贵。不然更多时候我们在做的，也只是在拖延！

我们在拖延中虚耗生命，并且漠然地对此视而不见，居然还认为自己是如何热爱生命！难怪有人说，大多数人是不带脑子生活的——他们思考，却并不知为何而思考；他们活着，还以为这是一种常态！

争取一次就把事情做到位

“前事已逝，后事可追”，所以人是活在现在的。如何能有一个美好的未来呢？就要从今日始，从此时此刻开始，而不是拖延。若不然，美好就会连同未来一起化为泡影！

人总有因患得患失而举棋不定的时候。所谓“环肥燕瘦，各自千秋”，到底该选哪一个？的确是一个伤脑筋的问题，也确实需要好好考虑考虑。可是别忘了，就在我们犹豫的时候，时间仍旧在分秒流失，它会让我们拖延多久呢？就在这拖延的时间里，我们又会有怎样的损失呢？

事实上，没有谁可以一直举棋不定，还仍可以稳坐钓鱼台。时间会让一切都很快尘埃落定。只是那时，结果很可能并非是你想要的。人生经不起拖延，时机经不起拖延。因为一时的“拖”，则代表着延误！

刘小姐还记得大学刚毕业时，那时的她意气风发，很想在工作中大展拳脚，大干一场。后来她参加了公务员考试，被分配到某机关办公室做外宣工作。当时她认为机关有广阔天地，正是自己大有作为的时候。谁知，她每天的工作内容就是打电话和上网。

如果有宣传任务，她要做的就是给媒体打电话通知，然后到活动现场发放材料，或者干脆把电子文件发给媒体就可以了。而其他的时间，就只有上上网、看看新闻、聊聊天。

虽然刘小姐工作才两年，可早已没有了大学一毕业时的那份激情，对工作也是能拖就拖，能少干的绝不多干。这样得过且过地混日子，尽管她也时常会心有不甘，可是在机关里，女性晋升的空间本来就很小，而工作又如此单调乏味，又能怎么办呢？

直到有一天，另一个和她一起进机关的女孩因工作成绩突出，被提升为副科长，调去了新的工作岗位，她才清楚在这两年里自己失去了什么！

小南大学刚毕业，父母就通过各种关系给他在一家企业找了一份工作。这是一份很清闲的文员工作，每天在办公室除了打扫打扫卫生，就是跟原来的同学网上聊天。小南很不适应这份朝九晚五的工作，开始时他还想着父母费了那么大的劲儿给自己找来的工作，要好好干出一番成绩来。可不久就泄气了，他根本无法融入现在的这份工作中，他更愿意开一家自己的服装店。

到底该何去何从？小南一直犹豫不决。结果四年过去了，他既没有开服装店，也没有真正地用心工作过，还是个很清闲的文员。

小华研究生毕业后，应聘到一家事业单位工作。在刚参加工作之时，他想着自己也算是“十年磨一剑”了，现在正是一试身手，大有作为的时候。可谁知结果却是，他每天做的只是整理档案、打印材料、接听电话等琐碎的日常工作，而且一做就是一年多。这让他很苦恼，想着自己一身的才华就这样一天天被浪费了，难免有种郁郁不得志的感觉。他开始消极怠工，开始混日子。

可每当想到这份工作自己有可能干一辈子，他还是心有不甘：自己一个大男人，活一辈子居然一点成就都没干出来……可现在工作难找，能有份稳定的也不容易，他想着还是先混一段日子再说吧！就这样，小南一直在犹豫、拖延当中做着属于他自己的未来梦而一事无成。

毋庸置疑，尽管一些人也为拖延这个总也改不掉的习惯而懊恼，还总是自觉不自觉地拖延着；还有一些人甚至很满足于把事情拖到最后一分钟再完成，并为此而沾沾自喜。这似乎已经成了生活的常态。

我们总觉得时间还很长，拖一拖再去解决也未尝不可。可很多时候事实却告诉我们：只因为这一时的拖延，很可能就再没有机会去做任何事情了！什么叫“坐失良机”？就是不主动及时采取行动，而是一味地拖延，结果使大好的机会付之东流。

人生为什么会有悔恨、会有遗憾、会有不甘心？并不一定是因为做错了很多事，而更多是因为很多事没有去做。本来我们有时间，也有机会去做的，却只是由于拖延错失了，这才是让我们扼腕不已的原因。

因此，请不要尝试着把事情拖到最后一刻再去解决，也不要以为事情拖到了最后一刻，你还有足够的时间去解决。千钧系于一发，而头发却硬是没被扯断，像这样的事情不是不可能发生，但却是奇迹。我们怎么能够奢望在自己的生活里，每天都会有奇迹发生呢？

有行动，让你来不及拖延

人生来是为行动的，就像火总向上腾，石头总是下落。对人来说，一无行动，也就等于他并不存在。

2011年10月5日，美国苹果公司创始人乔布斯的心脏停止了跳动。“斯人已远”，但这个“改变世界的天才”却留给我们很多，尤其是他始终认为行动高于一切，并一直把实践作为自己奋斗的基准。

当人们问及乔布斯大起大落之后，为何还能一再东山再起时，他将告诉你：只要你把行动和信心结合在一起，这将是最大动力，没有什么能将你击溃。这正如乔布斯自己所说："我把我的一切思想都付诸行动，从不拖延，这就是这些年来让我继续走下去的唯一理由。"

小时候的乔布斯就有一个梦想，那就是创办一个电脑公司，让昂贵稀罕的电子产品变为人们生活的一部分。在他20时岁时，终于勇敢地开始了自己的第一次行动——创立苹果电脑公司。他拼命工作，让苹果电脑在10年内从一间车库里的小工厂，扩展成一家员工超过4000人，市价超20亿美金的公司，因为他推出了一个很棒的产品——麦金塔电脑。

没有人想到他会放弃学业，冒险去创立苹果电脑。但他做到了，因为他懂得，若一直不去行动，一天拖一天，自己的梦想很可能就无法实现。这个念头让他创立了苹果公司，也是他30岁时与苹果电脑分道扬镳的最根本原因。

由于与董事会对公司未来的发展远景不同，董事会在乔布斯30岁时炒了他的鱿鱼。开始时，乔布斯也迷茫过，他觉得自己曾经整个生活重心的东西不见了，这令他不知所措。但乔布斯很快就摆脱了这种迷茫，他发现，他还钟爱着他曾做过的事情，被苹果"炒鱿鱼"的事件丝毫没有改变他的兴趣。他虽被否定了，但他还是爱做那些事情，所以他决定从头做起。

此时，乔布斯又对动画制作产生兴趣，于是他又开始了行动。在接下来的5年时间里，乔布斯先后开了NEXT、Pixar两家公司，Pixar成为世界上最成功的动画制作公司。然后，苹果电脑买下了NEXT，乔布斯回到了苹果，NEXT发展的技术也成了苹果电脑后来的技术核心。现在苹果电脑又创出音乐产业的革命性产品Ipod。一次的信心加三次的行动奠定了乔布斯成功的基础。

有好的想法，还要敢于行动，才有成功的可能，如果只是一味空想，只能一事无成。乔布斯的例子就说明了这个道理，所以从现在开始，你要把你的思想付诸行动，只有行动了，你才能去改变那些影响你整个生活的观点，进而真正地掌握你的生活。要始终相信自己可以实现自己的梦想，这样就一定可以成为自己想要做的人，赶紧付诸行动。

我们无论做什么事，都要懂得行动高于一切才能成功，这是我们人生理念中非常重要的一条。只有立刻行动，才能把我们的思想转变成现实，毕竟成功与不成功的差别源于一些小小的行动。

为什么罗文能够成功？因为他不仅敢于行动，而且敢于立即行动。《致加西亚的信》中送信的罗文只是一个普通的士兵，然而他在当时艰难的环境中创造了奇迹，以行动创造了奇迹。因为这份情报太重要了，于是他急于找到一个人，这个人能够把信送到加细亚将军的手中。后来，在军事情报局长阿瑟·瓦格纳上校的推荐下，选择了一个叫罗文的人把信送到加细亚。

“派他去！”麦金莱总统下命令道。

大约一个小时之后，正值中午，瓦格纳上校过来通知罗文一点钟的时候去陆海军俱乐部和他一起共午餐。

他告诉罗文：他被选派去送信给加西亚，并负责从他那里获得一些情报，他必须努力完成这件事。

罗文在接到信之后，没有犹豫。第二天午夜就乘火车离开华盛顿，他不再顾忌那个星期五不宜出门的古老迷信，为了完成使命，他必须立即行动，绝不拖延。

如果你正苦于惰性不能克服，那么，从身边碰见的任何一件小事开始行动，就能改变现在所处的境况。只要能够把现在所抱的想法付诸行动，就能改变未来的生活，使之更加顺利。

一旦我们养成行动的习惯，我们就开始叩响成功的大门了。我们一旦把这种好的想法付诸行动，我们就已经开始在走向成功了。

《圣经》上有这样一段话："凡听了我这些话而实行的，就好像一个聪明人，把自己的房屋建在磐石上：雨淋、水冲、风吹、袭击那座房屋，它并不坍塌，因为基础是建在盘石上；凡听了我这些话而不实行的，就好像一个愚昧人，把自己的房屋建在沙土上：雨淋、水冲、风吹、袭击那座房屋，它就坍塌了，且坍塌得很惨。"

"没有任何时刻像现在这样重要。"爱尔兰女作家玛丽·埃奇沃斯说，"不仅如此，没有现在这一刻，任何时间都不会存在。没有任何一种力量或能量不是在现在这一刻发挥着作用。如果一个人没有趁着热情高昂的时候采取果断的行动，以后他就再也没有实现这些愿望的可能了。所有的希望都会消磨，都会淹没在日常生活的琐碎忙碌中，或者会在懒散沉默中流逝。"

"让自己行动起来"可以影响你生活中的每一部分，它可以帮助你去做该做而不喜欢做的事；在遭遇令人厌烦的指责时，它可以教你不推脱不延误。但是这一刹那一旦错过，很可能就永远不会再碰到。请你牢记这句话："让自己行动起来，成功就属于你！"

05

高效执行：自律人人都想，只有少数人做到

5

下了决定之后，就不要忽然又去想到你刚才的付出是一种损失。因为这就是一切犹豫不决的总来源。任何的犹豫不决都是在这种心情下产生的。

——罗曼·罗兰

一选择就恐惧，你缺的是决断力

优柔寡断会使你和成功擦肩而过，甚至有时会让你遭受失败。而一个果断的决定，会让你获得意想不到的成功。

一头愚蠢的山羊，在两堆青草之间徘徊，左边的青草鲜嫩，右边的青草多一些，它拿不定主意，最终饿死在徘徊不定中。

物犹如此，人生旅途中的我们又何尝不是如此呢？周末你有课业需要完成，可这个时候正好有你期盼已久的直播球赛，你是要继续写作业，还是去看球赛呢？每个人每时每刻都要做决定，这个时候需要果断来为你领航。在人生中，思前想后、犹豫不决固然可以免去一些做错事的可能，但同时也会失去更多成功的机遇。执迷不悟、一意孤行的固执并不可取。你要正视现实，果断地放弃那些使你力不从心却又苦撑硬撑的执着，当你做出清醒的决定之后，你的意志就找到了支点，所有的事物将变得单纯、明朗、宁静，你会很开心，满足于自己的果断。

机会的到来是不可预测的，而它的离开也是不可把握的，那些做事优柔寡断、犹豫不决的人，是很难抓住机会的。当机会到来时，他们总是不能当机立断地做出抉择，总是害怕会是个假象，背后潜藏着危机，可是当他们经过深思熟虑之后，机会早已悄悄地溜走了。

中国有句古话说：“当断不断，反受其乱。”也就是说，当面对一件事情时，如果你不能果断地采取措施，不要说这件事处理不了，其他的事也会受到影响。比如，一个公司的领导者因一时的犹豫，错过了抢占市场的商机，不要说会不会有抢占市场的机会了，整个公司的运营都会深受其害。

美国总统布什在参加竞选的时候，许多布什的支持者将其称为“一位果断领导人”。一些美国评论家也认为，虽然同出自“名门贵族”，但相较于戈尔的“精英”形象，布什的“西部牛仔”形象更为深入人心。无疑，他把“西部牛仔”的果断、自信、坚强融进了自己的做事风格中了。

布什在处理内政外交问题上所表现出来的果断坚毅和极具亲和力的个人品质为他的公众形象增色不少。纽约的一位市民就曾说：“我最欣赏总统的是他知道自己想要些什么，犹豫不决跟他是绝缘的。”

布什表现出来的果断作风，让他赢得了美国民众的喜欢和支持，也为自己事业的发展开辟了更大的空间。其实，果断的作风不只是领导者所应当具备的，也是一个人所必需的职业素养，因为果断的结果就是先人一步，而这是获得成功不可缺少的先决条件。

在中国封建社会的舞台上，出过几位卓越的女政治家、女统治者，大辽国的萧太后就是其中一位，其影响和地位格外引人注目，她有着从不惧怕失败的精神，她以果断的个性书写了自己波澜壮阔的一生。

萧太后执政期间，正值五代结束，宋朝刚刚建国不久，用政治风云变幻无常来形容，毫不过分，况且大宋开国皇帝太祖曾对丞相赵普说过：“卧榻之侧，岂容他人酣睡。”太祖弟太宗一刻也没忘记太祖一统天下的遗志。而辽国也久窥中原国土的富饶与肥沃，这种险恶的政治环境，既是对政治家敏锐头脑的严峻考验，更考验着政治家的素质。

公元986年，宋太宗闻知萧太后临朝以后，认为有机可乘，经过一番准备，于这年2月开始了大规模的北伐，宋军分兵北上。

西路军战报传来，萧太后临危不乱，沉着应战，她冷静分析，看清了宋军的意图，便从容布置。她命令驻扎南京（幽州）的耶律休哥抵挡东路曹彬，并派兵增援；命令耶律斜轸为西路兵马都统，率兵抵挡西路潘仁美、杨继业一部。然后自已身着戎装，披挂上阵，率儿子圣宗亲临前线，指挥作战。萧太后纵观全局，从容淡定，毅然决定以主力对付宋东路大军。不久，她便率兵在涿州挡住曹彬，与宋军对峙。她摆出进攻的姿态却不出兵，只在夜间派小部分骑兵骚扰曹彬的大营，这样虚虚实实、真真假假，牵制着曹彬。萧太后此时已派耶律休哥深入曹彬背后，截断其粮道和军需供应，形成了前后夹击之势，曹彬被围，水源被断，人马皆渴。不久，萧太后在涿州西南的歧沟关大败曹彬，接着乘胜追击。在易州之东的沙河，惊魂未定的宋军见辽军追来，不顾一切地抢渡逃窜，踩踏溺死者大半，沙河为之不流。

在打败东路军后，萧太后全力对付西路军，她命令耶律斜轸连败潘、杨大军，使潘仁美屡吃败仗。当杨继业与耶律斜轸相遇时，辽军刚一交战便佯装败走。杨继业不知萧太后早已令耶律斜轸设下了伏兵，便挥师急进。辽军伏兵四起，耶律斜轸又杀了回马枪，潘仁美听到他败退的消息，便置之不顾，率兵先撤了。杨继业孤军奋战，因寡不敌众，突围不成。结果，杨继业所率将士全部壮烈殉难。杨继业被辽将萧挞览、耶律奚底等擒获。一代名将成为阶下囚，致使杨继业万念俱灰，绝食三日，壮烈殉国。

个性好强、从不服输的萧太后在夫死子幼的情况下，以果断的毅力，指挥三军大战幽州是何等气概！在她眼里，从没有什么困难，在她执政期间，有多次大规模的南下，每次都是亲自披坚执锐，亲御大军。

大敌当前，萧太后没有眼泪和悲伤，而是以一种积极的态度去亲自出征应战。她的果断名不虚传，表现在她的果断刚毅、毫不气馁的做事原则上，她执掌大辽政权的时代是与大宋对峙的时代，在丈夫病死、儿子年幼的艰难困境里，她苦心支撑，从而维持了大辽的江山社稷。

犹豫是以无知为前提，果断不是冒险，它以洞察为背景。机会稍纵即逝，人的一生就是不断进行选择的过程，每个人每天都要做出这样或那样的决定，决定的内容小到生活琐事，大至事业人生。决定的难度也有所不同，做出决定的时间，短的几分钟，长的几小时，或者几天、几周。如果你是一个很难做出决定的人，那么在人生需要重大抉择的时候就会影响你的一生。

你的想法很多，但只停留在嘴上

机会需要我们自己去创造，机遇却需要我们来等待。我们必须悬钩以待，时时提高警惕，否则，不经意间，大鱼便溜走了。

曹操东征刘备之时，人们纷纷议论，担心出师之后，袁绍会从后方偷袭，使得曹军进不能战，退又失去了依据的地盘。曹操说袁绍性情迟钝而又多疑，不会迅速来袭。刘备此时羽翼未丰，人心还未完全归附，此时攻打他，他必败。这是生死存亡的关键时刻，绝不能丢失时机。于是，决心出师东征刘备。

曹操出兵之后，袁绍帐下谋士田丰劝他道："虎正在捕鹿，应进入虎窝扑虎子。老虎进不得鹿，退不得虎子。现在曹操东征刘备，国内空虚，将军若率军直指许昌，捣毁曹操的老窝，百万雄师从天而降，好像举烈火去烧茅草，又如倾沧海之水浇漂浮的炭火，能消灭不了他吗？兵机变化在须臾之间，战鼓一响，胜利在望，曹操听到我们攻下许昌，必丢掉刘备而返回许昌。我方在城内，刘备在城外攻打，反贼曹操的脑袋一定会悬于将军的战旗之上。若失去此时机，曹操归国后休养生息，积聚粮草，招揽人才，将会是另一种景象了。现在大汉国力衰微，纲纪松弛，以曹操凶狠的本性，他飞扬跋扈的势力，放纵他虎狼的欲望，酿成忤逆的阴谋，到时就算有百万大兵，也难以取胜了。"袁绍听后，却以儿子有病为由而推脱掉了。田丰以拐杖击地叹道："遇到如此时机，却因为婴儿的缘故而失去了，可惜呀！"

俗话说：机不可失，时不再来。遇到机会，就要紧紧抓住，否则就算后悔，也已经来不及了。曹操之所以可以在乱世中崛起，成为一代枭雄，这与他善于抓住进取的机会是分不开的。

拿破仑·希尔告诉我们："机遇与我们的事业休戚相

关，机遇是一个美丽而性情古怪的天使，她倏尔降临在你身边，如果你稍有不慎，她又将翩然而去，不管你怎样扼腕叹息，她却杳无音讯，不再复返了。”

在商业活动中，时机的把握甚至完全可以决定你是否有所建树，抓住每一个致富的机会，哪怕那种机会只有万分之一。这正如一位哲人所说：“通往失败的路上，处处是错失了的机会。坐待幸运从前门进来的人，往往忽略了从后窗进入的机会。”

那么，如何才能抓住机遇，最好的办法就是自己去敲响机会的大门。为此，我要讲的下面的这个故事会告诉我们怎样来创造机会。

有一次，在西格诺·法列罗的府邸正要举行一个盛大的宴会，主人邀请了很多的客人来参加。就在宴会要开始的时候，负责餐桌布置的点心制作人员派人来说，他设计用来摆放在桌子上的那件大型甜点饰品不小心被弄坏了，管家急得不知怎么办才好。

就在西格诺府邸的管家急得团团转的时候，一位在厨房里干粗活的仆人走到管家的面前怯生生地说道：“如果您能让我来试一试的话，我想我能制作另外一件来顶替。”

“你？”管家惊讶地喊道，“你是什么人，竟敢说这样的大话？”

“我叫安东尼奥·卡诺瓦，是雕塑家皮萨诺的孙子。”这个脸色苍白的孩子回答道。

“小家伙，你真的能做吗？”管家将信将疑地问道。

“如果您允许我试一试的话，我可以制作一件东西摆放在餐桌中央。”小孩子开始显得镇定了一些。

仆人们这时都手足无措了。于是，管家就答应让安东尼奥去试试，他则在一旁紧紧地盯着这个孩子，注视着他的一举一动，看他到底怎么办。这个厨房的小帮工不慌不忙地要人端来了一些黄油。不一会儿工夫，不起眼的黄油在他的手中变成了一只蹲着的巨狮。管家喜出望外，惊讶得张大了嘴巴，连忙派人把这个黄油塑成的狮子摆到了桌子上。

晚宴开始了。客人们陆陆续续地被引到餐厅里来。这些客人当中，有威尼斯最著名的实业家，有高贵的王子，有傲慢的王公贵族，还有眼光挑剔的专业艺术评论家。但当客人们一眼望见餐桌上卧着的黄油狮子时，都不禁交口称赞起来，纷纷认为这真是一件天才的作品。他们在狮子面前不忍离去，甚至忘了自己来此的真正目的是什么了。结果，这个宴会变成了对黄油狮子的鉴赏会。客人们在狮子面前情不自禁地细细欣赏着，不断地问西格诺·法列罗，究竟是哪一位伟大的雕塑家竟然肯将自己天才的技艺浪费在这样一种很快就会融化的东西上。法列罗也愣住了，他立即喊来管家问话，于是管家就把小安东尼奥带到了客人们的面前。

当这些尊贵的客人得知，面前这个精美绝伦的黄油狮子竟然是这个小孩仓促间做成的作品时，都不禁大为惊讶，整个宴会立刻变成了对这个小孩的赞美会。富有的主人当即宣布，将由他出资给小孩请最好的老师，让他的天赋充分地发挥出来。

西格诺·法列罗果然没有食言，但安东尼奥没有被眼前的宠幸冲昏头脑，他依旧是一个淳朴、热切而又诚实的孩子。他孜孜不倦地刻苦努力着，希望把自己培养成为皮萨诺门下一名优秀的雕刻家。

也许很多人并不知道安东尼奥是如何充分利用第一次机会展示自己的才华的。然而，却没有人不知道著名雕塑家卡诺瓦的大名，他是世界上最伟大的雕塑家之一。

所以说，机遇的出现，往往就是一刹那。机会的创造，有时只需要一点儿勇气，而且在它身上没有任何的标签，需要你自己去辨认。

首先，养成搜集信息的习惯。你只有掌握比别人更多的信息，才会从纷繁芜杂的各种情况之中比别人更好地发现机遇。当然，只有信息还是不够的，另外还要求你有很敏锐的目光，很强的判断力，可以从现象中发现本质的东西。

其次，有快速行动的能力。能否使机遇转化为你成功的资本，还要看你是否具备很强的行动力。你比别人更快，就能更好地抓住机遇。你总是在那里犹犹豫豫，那么机遇就会被别人抢去。所有的事情，都是以行动为基础的，没有行动，一切也都没有意义。

最后，有勇气及顽强的毅力。任何事情都有一定的风险性，在你执行的过程中也会遇到各种各样的困难。这时，要求你有面对困难的勇气以及顽强的毅力。否则，或许开始你会有不错的成绩，但是却不能长久地维持下去。而抓住机遇在某种程度上靠的也是一种勇气和魄力。

敏而多思才能当机立断

一个人只有学会当机立断，才能谋大事，也才能成大事。任何事都带有一定的风险性，如果你希望什么事都万无一失，那么最好的办法就是不做事。所以，让自己养成当机立断的性格，牢牢抓住时机，你才可以有所成就。

作为一个成功者，需要具备的素质很多，但是魄力是其中一个必不可少的条件。思虑周全自然是件好事，但正如人们所说的，过度理智就成了怯懦。当信息充足、时间充裕之时，我们用很多的时间，可以从容不迫地进行分析，研究战略战术。但如果是在信息不充分，时间很仓促，机会转瞬即逝的情况下，就需要我们有当机立断的勇气了。

提到三国，我们自然而然就会想到诸葛亮，他已成为智慧的化身，舌战群儒、巧借东风、火烧赤壁，他的智慧让后人敬仰不已。但是，如此有智慧之人也有失策的时候。229年，诸葛亮兴兵攻魏，令马谡为前锋，与魏军于街亭对垒。但马谡违背了诸葛亮的部署，最后失了街亭，使诸葛亮陷入被动之中，只好退兵汉中。史书上也就多了一段“孔明挥泪斩马谡”的情节。

马谡大意失街亭，自然让诸葛亮很恼火。此时，司马懿又率军在其后穷追不舍。在这种危急情况下，诸葛亮仍然保持着冷静的头脑。他明白以自己此时的实力，迎战司马懿无异于以卵击石，毫无取胜的希望。若仓皇逃跑，定会引来司马懿的追杀，弄不好还会被擒。在此情况下，诸葛亮通过仔细的思考，迅速做出了军事部署：关兴、张苞各引精兵三千，急投武功山，并鼓噪呐喊，虚张声势；又令张翼引兵修剑阁，以备退路；马岱、姜维断后，伏于山谷间，以防不测。这时，城中已无兵马，而司马懿的大军又即将到来，诸葛亮只好铤而走险，令军士将所有的军旗隐匿，诸军各守商铺。再将城门大开，每一城门用二十军士，脱去军装，扮成平民百姓，手持工具，清扫街道。其他行人则自由出入，没有一丝紧张的表现。之后，自己身披鹤氅，头戴华阳巾，手拿羽扇，引二小童，于城楼之上抚琴，神态自若、安然自得。司马懿的前锋军队到来，但见城内没有丝毫动静，只有诸葛亮一人于城头之上抚琴，顿时丈二和尚摸不着头脑，不敢贸然前进。迅速回报司马懿，司马懿不信，令三军原地休息，自己飞马而来，果见诸葛亮独坐城头之上，焚香操琴，悠闲自在，丝毫没有恐惧和惊慌。司马懿以为其中必定有诈，于是引三军退去。诸葛亮便用空城计解救了自己和全城军民。

“空城计”是《三国演义》中最精彩的片段，任何人看到这儿也不得不拍案叫绝，称赞诸葛军师的智慧，勇气，当然还有他的魄力和胆量。也只有诸葛亮才会有这样的惊人之举，不用一兵一卒便退了司马懿的大军。

我们从诸葛亮身上学到的，不仅仅是他的那种智慧，还有他的那种当机立断的魄力。如果不是如此，他又如何能摆脱司马懿的纠缠，将自己从困境中解救出来？这就是一个成大事者所必备的一种素质。因为机会稍纵即逝，你在那里犹疑不决，只有让自己贻误时机，最后就算后悔也来不及了。当然，当机立断并非一种鲁莽，它是在经过充分的判断之后才做出的一种选择。当然，当机立断也包含着很大的风险性，如果失败了就可能意味着一无所有。而此时的情况也十分紧急，由不得我们用太多的时间去搜集信息、分析情况。这时，往往就需要我们冒一下险。

谈梦想我戒了，因为都已实现

现实是理想的基础，人类的梦想只有根植于现实的土壤里才能开花结果。这就要求我们脚踏实地，养成踏实的习惯。

踏实是做事的根本，否则，再好的梦也都会成为空中楼阁。踏实不是被动地等待，在通往成功的路上，你只有比别人更快地抓住机会才能取胜。踏实可以让我们学会珍惜眼前的每一次机会，让我们每天前进一点点。不积跬步无以至千里，不积小流无以成江海。踏实就是让我们学会一步步地走路，一点点地积累。不要小看此时的一点点、一步步，量变的结果最终会导致质变，正是因为大多数人不懂得一点一点地积累，所以才难以抵达成功的彼岸。

踏实不等于单纯的恭顺忍让。没有一种行动可以让我们看到未来的成败，而人生的妙处也正在于此。如果你开始就知道生命的结局，那么人生便会如一杯白开水那样索然无味。踏实的人，并非没有梦想，与众不同的是，他们会用自己的汗水来浇灌梦想，所以，也只有他们的心灵花园会开出美丽的花朵。

只是踏实的人往往会给人一种墨守成规的印象，认为他们是“死脑筋”，循规蹈矩，缺少创新，不敢冒险，不敢接受挑战。其实这是一种误解。我们做什么事都要立足于现实，而踏实就是要我们学会认识现实、尊重现实。当然，我们不否认，的确有些人为了不让自己犯错误，避免损失而错失了不少机会。但那却不是踏实的代名词，更不是我们所教导的“做人要踏实”的真正含义。

我们在生活以及工作中，总会多多少少遇到一些不可回避的事，也总是会犯一些或大或小的错误。但是，每一次我们都要从中走出来，只有走出低谷，才能到达新的高峰。踏实，就是要我们学会一步步地走路，要我们学会依靠自己的力量，而不是等着依赖别人的帮助。踏实，从某种意义上来说就是一种坚持，一种耐心的等待。等待也并非是守株待兔，而是能够耐住寂寞，走过黎明前最黑暗的那段时光。

有人往往会打着踏实的旗号在一个地点长时间地徘徊也没有进展，这在很大程度上是因为他们心中并没有一个清晰的目标。如果你的心中没有目标，那么踏实地等待就意味着死亡。踏实并非日复一日地重复，而是不断地脚踏实地、扎扎实实地从一个目标冲向下一个目标，不停地前进。

未来就是我们头脑中出现的那幅图，我们会根据这幅图来确定自己前进的方向，而使我们将这幅图由想象变为现实的一个条件就是脚踏实地地工作。这是我们通向成功路上的阶梯。没有它，梦想只能是梦想，永远不会成为现实。如何能脚踏实地呢？让我们记住以下几点：

（1）积极地收集和掌握大量的信息。要想做到脚踏实地，就必须对现实有一个清楚、正确的认识。尤其是现在，信息以及技术的更新速度惊人，周围的世界也在以一个极快的速度向前发展。如果我们的认识只停留在以前的基础上，就难免会有偏差。而一个人只有对现实有一个清楚的了解，才能从实际情况出发，来制定自己的目标和策略。

我们应该尊重现实，但是却不应拘泥于现实。否则，现实就会成为我们前进的一种羁绊。这就要求我们在立足现实的同时也要勇于进取，勇于创新，而这个过程又是一个搜集信息的过程。只有信息充足，那么你制定的策略才会更加科学，才能保证你按照正确的道路前进。

（2）培养把握机遇的灵感。机遇往往是可遇而不可求的，当它到来时我们一定要紧紧地抓住。这就要求我们要具备一双慧眼，在它到来时能够准确地识别。

把握机遇的灵感也是要经过一定的培养的，首先要具备大量的信息；其次要有很敏锐的洞察力；最后是对事物的发展规律要有一定的认识。一个人只有抓住机遇，才能在激烈的竞争中脱颖而出。

（3）学会创新。创新以现实为基础，但又需要跳出现实，使现实在一定的基础上得到升华、得到提升。而尊重现实的最终目的也是从现实的基础上实现突破以达到创新。两者是相结合的、不可割裂的。

（4）制定清晰的目标。目标是我们前进的方向，一个人只有确定了明确的目标，才会减少行动的盲目性。重要的是，当我们在制定目标时，一定要从自身的实力以及周围的情况出发。如果我们忽略现实，就会脱离实际，不但难以达成目的，还会挫伤自身的积极性。

（5）及时总结经验和教训。踏实并非与错误、困难绝缘，那样只会让我们畏首畏尾，当然也并非摔的跟头越多越好。如果我们不能及时总结经验，吸取教训，那么也不可能得到进步和提高。

我们只有学会从现实出发，在现实的基础上锐意进取，才能获得成功。

学会规划，精准努力

无论做事还是做人，我们都要学会找准自己的位置。一个人要想成功，就必须做他最擅长的事。如果你去做自己不擅长的工作，那么就算你费尽心机和力气，也顶多是不被别人落下太多，而很难出类拔萃。所以，聪明人总会做自己最擅长的事。

西方有这样一首诗：

动物明白自己的特性，熊不会尝试飞翔；驽马在跳过高高的栅栏时会犹豫；狗看到又深又宽的沟渠时会转身离去。

但是，人是唯一一种不知趣的动物，受到愚蠢与自负天性的左右；对着力不能及的事情大声地嘶吼——坚持下去！

出于盲目和顽固，荒唐地执迷于自己最不擅长的事情，使自己历尽艰辛，然而收获甚微。

所以，我们要学会找准自己的定位，不要让自己在一个不适合自己的位置上荒废了一生。

因为没有找准自己的位置而让自己的才华埋没的人不在少数。南唐后主李煜，他的词婉约细腻，清丽脱俗，许多作品广为流传，其文学造诣也深为后世所惊叹。但是，生性懦弱的他却成了南唐的国君，懦弱的性格不但使他失去了自己的国家，也赔上了自己的一条性命。

那么，我们如何来给自己进行正确的定位呢？

首先，认识自己的性格。所谓性格，就是人的个性心理特征的重要方面。每个人的性格，都是一个构造独特的世界。一个人，只有适应这个世界，才能得到健康的发展。人都是自己的主人，因为我们可以支配自己的思想，而思想又可以带动我们的行动。决定我们思想的，是我们内心所潜藏的一种力量。这种力量，就是性格。所以，归根结底，性格决定着我们的人生。但是，性格是一个复杂的系统，形成这个系统的各种因素都有自己独特的排列组合方式。而且，我们的性格也并非一成不变，它会随着我们周围的环境、我们对自身的认识而不断改变，甚至在每一个历史阶段，它也是不同的。但是，尽管如此，我们还是可以找到一种规律。因为，性格具有很大的稳定性，它里面包含有遗传因素。我们所做的，就是要认清自己的性格，然后根据性格来进行定位，只有这样才能使我们的内在世界与外在世界获得统一，才能给自己进行正确定位。

其次，分析自己的特长。分析完自己的性格，我们接下来要做的就是分析一下自己的特长。一个人，如果想出类拔萃，就应该从事自己最擅长的事。往往自己最擅长的，也就是我们的兴趣所在。一个人只有从事自己感兴趣的事，才会爆发出激情，也才会事半功倍。可是，我们人类却总自以为是。因为我们有智慧，我们征服了大自然，成为这个星球上的主人，于是认为自己无所不能，在并不擅长的领域里摸爬滚打，不但让自己身心俱疲，还浪费了不少的宝贵时光。著名诗人歌德就曾因为一度没能认清自己的特长而让自己浪费了十多年的宝贵时光。

导致人们不成功的原因很多，但是其中最重要的就是没有找到自己的位置，没能认清自己的特征，以至于在一个并不适合自己的位置上浪费了不少的光阴。特别是年轻人，很少意识到这个问题的重要性。如果不能及时转变这种观点的话，就会让自己走许多的弯路。所以，学会找准自己的位置，这样你才能够收获成功。

心无旁贷，成功自来

以自制对抗拖延。中国儒家文化很看重“格物”，这一个“格”字就把人跟物分开了，因为人能控制自己。拖延与自制是此消彼长的，一个自制力很强的人，拖延就不会发生。

毋庸置疑，做一件事最有效也最快捷的方法，就是心无旁贷。道理每个人都懂，可要真正做到却并非是那么容易的事。我们总是很容易就被别的什么因素打断了，结果造成了行为上的拖延。不知你是否有过这样的体验：

打开电脑，本来打算处理一些紧急的文件，结果却不停地浏览网页直到半夜；

吃过晚饭，正准备坐下来好好修改一下明天要交的企划方案，这时一个朋友打来电话约你出去，再回到家已经烂醉如泥；

事情堆积如山，急等着你去处理，看着外面明媚的阳光，你想：去街上逛逛，看看漂亮的姑娘，其实也不错。

很多时候就是这样，不是我们有意要拖延，而是总有这样或那样的事物转移了我们的注意力，结果造成了拖延。尽管我们从内心并不想拖延，还经常为此而焦虑不安，可拖延的情况仍旧时常发生。我们究竟该怎么办？

古希腊的时候，人们都喜欢通过辩论来实现自己的主张，不管是在法庭上、广场中、还是在公民大会上。另外，听众们的要求很高，演说者若出现用词不恰当或难看的手势和动作，都会引来讥讽和嘲笑，更不要说实现自己的主张了。

有一个叫德摩斯梯尼的青年人，他的父亲是一个有钱人，可在他七岁的时候就去世了，留给他的财产也被监护人侵吞了。长大后，为了要回父亲留给他的财产，他决心要成为一名出色的演说家。

可他的这一愿望，看起来似乎是不可能实现的。在当时的希腊，对演说家是有严格要求的——声音必须洪亮，发音要清晰，演讲时姿势还要优美，富有辩才。可他幼年曾患有严重的口吃，时常遭到伙伴的讥笑。说话时嗓音微弱，还有耸肩的坏习惯。

因此，在他刚开始学习演说时，屡屡遭到听众的哄笑和讥讽。但这样的打击并没有击垮他，他有着坚定的自信心和顽强的意志力。为了提高自己的演说水平，他常常躲在一个阴暗的地下室练习口才。

可毕竟是年轻人，耐不住寂寞。眼见其他人在街道上欢歌笑语，他始终静不下心来，总想着去外面晒晒太阳、瞅瞅街道上那些漂亮姑娘。结果可想而知，练习的效果很差。

无奈之下，他横下决心，挥动剪刀把自己的头发剪去一半，变成了一个怪模怪样的“阴阳头”。当时的人们很注重仪表，这样一来，因为头发难看，羞于见人，彻底打消了他出去玩的念头，开始静下心来练习自己的演讲技巧。为了改变自己的发音，他在地下室里装了一面大镜子，还把小石子含在嘴里，每天起早贪黑地对着镜子练习；为了锻炼自己的肺活量，他跑到偏远的地方，一边在陡峭的山路上攀登，一边不停地吟诗；为了改掉自己说话耸肩的坏习惯，他还在左右肩上各悬挂了一柄剑。

兵书上说“置之死地而后生，陷之绝境而后存”，其实生活中也是这样，你若不想一辈子一无所成，想要做出点成绩，就必须先要学会舍弃。志在千里者绝不会贪羡百里之内的风光，所以才能看到更美的风光。德摩斯梯尼的成功就很好地说明了这一点。正是因为他摒弃了外界的诱惑，才最终使自己的演说水平突飞猛进。

德摩斯梯尼与监护人的财产纠纷持续了5年。在这5年里，经过5次精彩的演说，他不但最后胜诉，还成为著名的律师和演说家，更成为古雅典政坛上的活跃人物。他的政治演说为他建立了不朽的声誉，他的演说词结集出版，成为古代雄辩术的典范，打动了千千万万读者的心。

值得一提的是，与德摩斯梯尼的做法有着异曲同工之妙的是法国大文豪雨果。1830年，雨果同一个出版商签订了一份书稿合同，根据合同，他必须在半年内交出一部作品。

为了确保自己能把全部的精力放在写作上，雨果把除了身上所穿毛衣以外的其他衣物全部锁进了柜子里，然后把钥匙丢进了小湖。这样一来，由于根本拿不到外出要穿的衣服，他彻底断了外出会友和游玩的念头，一头钻进小说创作里，除了吃饭与睡觉，从不离开书桌，结果作品提前两周交稿。而这部仅用五个月时间完成的作品，就是后来闻名于世的文学巨著《巴黎圣母院》。

别把效率不当回事儿

如果说金钱是商品的价值尺度，那么时间就是效率的价值尺度。因此对于一个办事缺乏效率者，必将为此付出高昂代价。

工作效率是每一个职场中人的追求，没有谁愿意将自己的时间浪费在一件事情上。为此哈佛大学教授米契尔·柯达博士总结了保持高效率的6大法则：

（1）培养动力

成功的第一条法则是具备动力。在考虑如何成功之前，你必须先具备做一件事的动力，它是一股积极向上的力量，是一种朝正确方向去做事情的盼望，是积极完成既定工作目标的动力。有些人从小就有这种动力，他们一心一意地去做他们所做的每一件事，所以，他们必然会成功；另一些人只是在他们愿意或不得不去做的时候，才会尽力，这时他们身上的动力往往不足以对付一条艰难的上坡路。所以，大多数时候失败也就成了必然。

（2）控制惰性

很多人之所以失败，是因为懒惰。如果让这种惰性发展下去，它将会产生一种永久的惯性。克服的办法是改变它，让消极转化为积极。

也就是说一开始你就要控制惰性，等这种控制成为习惯时，你马上就会发现这股控制力根本是用之不竭的。记住，着手做某件事情后，就去完成它。精力在成功之中更新，而在事情的拖延之中衰败。如果在每天早晨就开始犹豫不决，那么，一整天你都会继续这种状态，之前那股活力就会逐渐消退了。

（3）顺其自然

许多人是把自己锁在与自己的日常习惯和行为相反的生活模式中来度日的，再没有比这更具有破坏力了。假如你不是一个早起的人，就不要硬把重要的工作计划安排在上午完成。如果你喜欢早睡早起，那就不如试着一大早便去做最困难的工作。

假使你想增加自己日常工作的完成量，那就得设计一个切实可行，而且行之有效的计划。但它必须是富有弹性、灵活可变的，以便让你能不时地改变工作速度。当然，你可能会不得不一次又一次地妥协，但请记住，与自己的意愿作斗争所消耗的精力越多，用于你工作中的则越少。因此，不如让自己在精神与身体都能密切合作的情况下工作，免得某一方不愿配合，让你延误了工作进度。

（4）抵制厌倦

厌倦对一个人工作效率的损伤是无法估计的。假如你陷入了烦躁之中，不妨按下列方法做个尝试：

和自己打赌，在一天结束之前，你能完成必须完成的工作，并记得在完成时给自己一些奖励；

每天为自己定下一个主要目标。无论放弃其他什么事情，都要达到这个目标；

在一星期中以某一天为忙碌日，将大部分琐碎和恼人的事都安排在那天；

不要把每天当作时间的延续，那样会将没完成的工作延续到下一天。

有成就的人在计划他们的生命时，是着眼于每一天的成就，让每一天都有收获，这种紧迫感自然会导致全神贯注地工作。因此要学会把每一天视为一个重要且独立的时间单位，并用今天你所完成的工作来评价自己的表现，就会减少对待工作的厌恶感。

（5）记住你需要记住的

如果你想成功，就不能健忘。然而，用脑袋去记忆那些很容易写下来的东西，简直是在浪费记忆力。不如输入到自己的个人计算机或PDA里，许多商务人士都用这些科技产品来解决他们业务上的琐碎事情。

帮助记忆的另一个方法是去注意你要记忆的东西。如果说有成就的人具有非凡的记忆力，那是因为他们完全投入到所做的事情当中。对他们来说，记忆那些与他们兴趣相关的事实、数字和名字完全不成问题。但你首先必须找到哪些资料对你是重要的，进而作出优先的选择。

（6）善于幻想

许多有成就的人承认，他们常常幻想，这些幻想刺激他们向着既定的目标前进。因此，想要做的事情越多，自然能够做的也就越多。这些幻想并非只是空想，而是计划未实行前的初步构想，他们时常思考，时常让脑袋里的新鲜点子出来透气。

发挥动力的最佳方法应该是：把你一天的时间分割成若干小部分，先把这项完成，然后再继续做下一项。这样会帮助你加快速度，并且不断享受完成任务的轻松感。

多年前，米契尔教授也曾经总是在焦躁和恼怒的情绪中开始每天的工作。来到办公室，桌子上已是一片信海，电话铃在响、人们排着队等待会见。等到11点钟，他已被搞得过度紧张、筋疲力尽了，拼命工作了两个小时，却一件事也没做成。最后他决定，在每天一开始就尝试先完成重要的事，不管它是多么琐碎。他决定先利用第一个小时回复信件，不接电话，也不见任何人。他把这些来信视为工作的一个独立部分，重要且只能在有限的时间内做好。当他读完信，并做了回复，他便会如释重负般地呼出一口气，再继续接电话或进行会谈等工作。

时间管理：时间在哪里，哪里就有成功

6

如果良好的习惯是一种道德资本，那么，在同样的程度上，坏习惯就是道德上的无法偿清的债务了。

——乌申斯基

人与人的差距在于能不能让时间增值

浪费时间就是挥霍生命。浪费时间是生命中最大的错误，浪费时间是幸福生活的扼杀者，是绝望生活的开始，是最具毁灭性的。大量的机遇就蕴含在点点滴滴的时间之中。事实上，明天的幸福就在我们今天点点滴滴的时间中。

“一寸光阴一寸金，寸金难买寸光阴。”我们的古人用自己的切身经验教育我们要认识到时间的宝贵。时间的确是宝贵的，哪怕你有敌国之富，也不能让它的长度延长一寸。时间似乎又是廉价的，因为你可以不花一分钱就得到它。对于时间的认识不同，对时间的利用也就不同。有些人，珍惜生命里的每一分钟，每天像上紧的发条一样不停地奔跑。有些人，每天优哉游哉，想尽一切办法来打发时光。

但是，无论什么样的人，曾经珍惜过时间也好，浪费过时间也罢，在他生命的最终时刻，都会意识到时间的可贵。他们希望它可以延长、再延长，但它却始终那么公正，每天以不紧不慢的速度前进。

有一些成功人士，因为工作很忙，用于接待客人的时间都要受到限制，谈话最多不会超过几分钟，对于这样的人来说，时间就是生命。如果有这样的人和你有约，而你在约定的时间没有到，那么，你不仅失去了这次交往的机会，而且可能失去了以后和这个人交往的机会。因为，你浪费了他的宝贵时间。这时你应该告诉他，由于什么情况和什么原因造成了失约，以得到他的谅解。或者在约定时间时也可采用弹性时间，这样被约者也可以安排一些放松性的活动。总之，在交往中守时守诺体现的是一个人品格和作风。一个不守时的人给人留下的印象是不可靠的，仅凭这一点，你就失去了与人建立交往或者最佳的生意机会。言而有信、遵守时间是尊重他人的表现。

我们说上帝是公正的，给每个人的时间都是一样的，可是时间也是公正的，它不会因为你的懒惰、你的浪费而给你保留，它只会悄悄地来，悄悄地走，聪明的人就会把它抓住，利用它，让它给自己创造财富，创造未来，创造成功。

英国著名博物学家赫胥黎很形象地说："时间是最不偏私的，给任何人都是24小时，同时时间也是最偏私的，给任何人都不是24小时。"每个人每天都会拥有24小时，但是每个人在这同样的时间内获得的收获却完全不同。有些人充分利用每一分每一秒，使它的功效发挥到最大。而有的人则可能在这段时间里毫无所获。

翻阅所有伟大人物的成长史，几乎都是一个和时间赛跑的过程。马克思曾经说过："我不得不利用我还能工作的每时每刻来完成我的著作。"列宁也同样在和时间赛跑。他总是十分珍惜时间，把生命里的每一分钟都献给了革命。连这样伟大的人物都不敢浪费时间，我们这些平凡人又有什么资格去挥霍它呢？

时间是宝贵的，时光的流逝也是无情的。它会令我们曾经光洁的皮肤衰老，会令我们明亮的眼眸渐渐失去光泽。但在我们慨叹岁月无情之时，它又在我们的眼前匆匆流逝了。朱自清曾在他的散文《匆匆》中写道："洗手的时候，日子从水盆里过去；吃饭的时候，日子从饭碗里过去；默默时，便从凝然的双眼前过去。我觉察他去得匆匆了，伸出手遮挽时，他便从遮挽着的手边过去；天黑时，我躺在床上，他便伶伶俐俐在从我身上跨过，从我的脚边飞过。等我睁开眼和太阳再见，这又算是溜走了一日。我掩着面叹息。但是新来的日子的影子，又开始在叹息里闪过了。”

一个人，只有认识到时间的宝贵，才会懂得珍惜。一个懂得珍惜时间的人才会在最短的时间内做出最多的事。而浪费时间，就等于在浪费自己的生命。在现代社会，时间的重要性就更加突出了，它已不仅仅代表金钱，代表生命，还包含其他更重要的东西：比如机遇，比如信誉等。如果你不希望自己的人生被白白地消耗掉，就要学会充分利用时间。时间管理，已成为我们人生中重要的一课。

（1）学会应用帕累托原则。这个原则是由19世纪末20世纪初意大利著名的经济学家及社会学家帕累托提出来的。其主张是，在任何一组东西之中最重要的通常只是一小部分，正是这小部分决定了整体的成败。

整理一下你的工作资料，或许会发现这样一个现象：公司80%的订单来自20%的业务员，80%的成交量来自20%的客户，80%的电话来自20%认识的人。因此，这20%就是决定你全局的少数，当你抓住这些关键之时也就等于掌握了全局。

然后，在你做事之前，就要对其进行充分的分析：哪些事情最重要，哪些事情可以暂缓，哪些事情无关轻重完全可以舍去。这样，你做起事来会更加有效率，也会更加轻松。

（2）学会分配时间。当你对事情的重要性有了一个清楚的认识之后，接下来要做的就是如何来对自己的时间进行分配。有些事情因为重要，所以难度也会特别大，因而可能会占用你的大部分时间；有的则可能很轻松地就搞定了。当你根据事情的重要性而对自己的时间进行一个大体的分配之后，就会避免在不必要的事情上浪费太多的精力，从而影响到工作的进度。

（3）不要等待，现在就做。你想去做一件事，但是内心深处却有一个声音对你说："不急，等一会儿再说。"于是，你听从了它的命令，将手头的事搁置了下来。但是，时间越是拖得久，我们就越是怠于行动，最后只能不了了之。

其实，除了现在，我们并不能把握住其他时刻。因为将来或许会有更加重要的事等着我们去做，而过去的则已经过去了，我们没有能力再去将其追回。如果连现在你也荒废的话，请问还有多少时间是属于你的呢？

如果我们每个人可以克服自己的懒惰，使自己专心致志于现在，那你的生活肯定会比过去更加充实、更加幸福。现在是我们的一切，将来只有在它来临的那一刻起才能被我们把握。不要再让光阴虚度，把握好现在，你才可以把握住自己的将来。

（4）善于利用“边角时间”。“不积跬步，无以至千里。不积小流，无以成江海。”对时间的利用也是如此。在我们的生活中，往往会有一些零散的时间。如果可以将其充分利用，那么也会大大提高我们做事的效率。

有智人说过：“要把每一分钟都当成自己的最后一分钟。”如果我们平时能够按这句话指出的去做，就会珍惜生活里的每一分钟。

一分钟的作用也不小，它可以使我们得到短暂的休息，可以让我们对一件事做出决定，也可以用来鼓励我们身边的每一个人。在危急时刻，短短的一分钟甚至可以拯救一条生命。一分钟似乎非常短暂，但可能在我们的生活中留下深深的印痕。

哪有没时间这回事

拖延就是如此“冷血”，它扼杀掉勇气，然后留给人生无尽的遗憾和悔恨；它坍塌了自信，然后留给人生的只有犹豫和迟疑；它荒芜了希望，继而让生命里流淌的只有麻木和绝望——拖延抹杀人性中的一切美好。

一次，我去听一位著名企业家的讲座，他的一句话让我记忆深刻。他说：“在当前这个竞争激烈的市场环境下，所有的竞争都离不开时间上的竞争，所有的拖延都可以归结为时间上的拖延。”

平时，我也经常能听到一些企业老总对自己的下属说：“你这种做法就是在浪费时间，难道你不清楚对于我们企业来讲，时间就是效率，时间就是金钱吗！”

每当听到那些老总如此说时，我总会更加关注他的下属脸上的反应。然而很遗憾，我从他们脸上看到的是茫然和无动于衷。一次我忍不住问一位老总：“你这样对着下属一顿训斥，能收到多大的效果呢？”

那位老总一愣，片刻之后说：“可这是事实啊！不然我还能怎么说！”

至此我们有必要讨论一下人性。人性是利己的，还是利他的呢？当然是利己的！或者更准确地说，应该是利己心理要多于利他心理。所谓“达则兼济天下，穷则独善其身”，就是说一个人只有在发达之后，日子过得很富足而且有余，他才会想到其他人；如果自己日子都过得紧巴巴的，当然就只会考虑他自己了。

既然人性是利己的，如果拖延的是时间，没有按时完成工作只是给公司造成了损失，然而这一切跟他们自身的利益根本就扯不上多大的关系，他们怎么可能不拖延！

员工为什么要到一家企业里面去打工，无非有两个原因：一是为了满足生活所需，二是为了寻求实现自身价值的平台。有人或许会问：“我既满足了员工的生活所需，甚至还绰绰有余；也为他们实现自身价值提供了足够的平台，可他们为什么工作起来还是拖拖拉拉的？”

人是有惰性的。这就是为什么我们明明在为拖延而感到焦虑，却还在焦虑中拖延着。明明知道这份工作不能再往下拖了，可还是会想再等一会儿，只是一小会儿：明明清楚只要不拖延、好好干，就一定能够出人头地，可遇事还是会一拖再拖。惰性在拖延中滋生，而人往往又很难将惰性从自己身上彻底剔除，这就是人性的弱点。

有一个无可争议的事实，那就是要做的事情越少，人们反而越觉得没有时间。一拖再拖，总认为时间还充足。他们心里有时会想：只要我想做，其实早就做完了——可就是根本不做。与此相反，有很多事要办的人往往能抓紧时间，而且总能拥有足够的时间来将事情做完。由此可见，事实上我们是在借着拖延时间来任由懒惰在自己的身体里蔓延，却把因懒惰而出现的拖延当成是没有时间的拖延。

当我们拖延的时候，总认为时间还很长。我们总以为我们是在拖延时间，却没察觉到时间仍旧在这拖延中悄悄地流逝。时间是决不会被拖延的，就在这一刻，无论你是正在处理一份紧急的文件，还是正在网上浏览一些与工作无关的网页；无论是靠在椅子上闭目养神，抑或什么也不做……时间依旧在一分一秒地流逝，没有丝毫的停顿。

我们无法拖延时间，如果有人说他拖延了时间，那他除非是《恐龙特级克塞号》里面的那个克塞，胡乱地比画几下就可以让时间停止。“明日复明日，明日何其多”。时间就是这样，一小时过去了，又是一小时；一天过去了，又是一天；一年过去了，又是一年。而我们却早已不复当年了。

事实上我们什么都拖延不了，更别说时间了。一千年前和一千年后，时间还是一样地在流逝，而我们因为拖延付出的最大的代价，只能是我们的生命。

别小看碎片化时间

当你想着“总有一天”的时候，这一天往往不会到来。当你把今天要做的事拖到明天去做时，很可能你还会把它拖到后天。只是不知你是否想过，你的人生能拖几何？

“明日复明日，明日何其多。我生待明日，万事成蹉跎。”其实，让人一事无成的不只是因为拖延，总把事情往明天拖，还因为我们没有那么多的“明日”！若真是“明日何其多”的话，我们又怎会大发“时不我待”的感慨呢！

在一个古老的原始森林里，曾经发生过这样一件事：

秋天来了，阳光明媚，鸟儿欢快地歌唱，辛勤地劳动。其中有一只寒号鸟，有着一身漂亮的羽毛和一副嘹亮的歌喉。它到处卖弄自己的羽毛和嗓子，看到别人辛勤地劳动，反而嘲笑不已。好心的鸟儿提醒它说："快垒个窝吧！不然冬天来了怎么过呢？"

寒号鸟轻蔑地说："冬天还早呢，着什么急！趁着今天大好时光，尽情地玩吧！"

就这样，日复一日，冬天眨眼就到了。鸟儿们晚上躲在自己暖和的窝里休息，而寒号鸟却在寒风里，冻得发抖，用美丽的歌喉悔恨过去，哀叫未来："哆啰啰，寒风冻死我，明天就垒窝。"

第二天，太阳出来了，万物苏醒了。沐浴在阳光中，寒号鸟好不得意，完全忘记了昨天的痛苦，又快乐地歌唱起来。

鸟儿劝它："快垒个窝吧，不然晚上又要发抖了。"

寒号鸟嘲笑地说："不会享受的家伙，明天再垒窝也不晚！"

晚上又来临了，寒号鸟又重复着昨天晚上一样的故事。就这样重复了几个晚上，大雪突然降临，鸟儿们奇怪寒号鸟怎么不发出叫声了呢。太阳一出来，大家一看，寒号鸟早已被冻死了。

曹操把人生比作是朝露，说“去日苦多”，可太阳一出来，露水也就蒸发掉了。所以说，我们其实并没有那么多的明日。若总把事情推到明天去做，即便不会像寒号鸟一样冻死在寒冷的冬夜里，也会像朝露般被阳光蒸发掉！

其实，更多时候人们只是把“明天”当作了一个借口，用来纵容自己的拖延，却并未想过，就因为这纵容，很可能让自己这一生一事无成。对于我们普通人来说，人生最悲哀的事莫过于“老无所依”，可这又能怪谁呢？怪儿女不孝顺？怪社会保障制度不完善？其实最应该怪的还是自己。若不是自己年轻时把大好的时光和机会白白浪费掉了，何至于如此不堪呢！

一个人虔心向佛，遇事总要到庙里去烧香磕头，问问菩萨是什么意见。一次，他又到庙里去烧香，无意中发现一个跪在自己身边的人很像佛堂上供着的菩萨像，也在那里磕头。

这个人越看对方，越觉得像，就问：“你是菩萨吗？”

对方听了点点头，说：“是啊，我就是菩萨。”

这个人很奇怪，说：“你既然是菩萨，为什么还在这里拜？哪儿有自己给自己磕头的！”

菩萨说："求人不如求己，你没见我手里整天拿着念珠吗？"

归根结底，人终究还是要靠自己。怎么靠？就是珍惜时间，遇事不拖延，不把今天的事推到明天去。因为任何美好的明天都始于今天，也只有今天才是最珍贵的。

著名作家玛丽亚·埃奇沃斯对于"从今天做起"而不是"从明天开始"有着深刻的见解。她在自己的作品中写道："如果不趁着一股新鲜劲儿，今天就执行自己的想法，那么，明天也不可能有机会将它们付诸实践；它们或者在你的忙忙碌碌中消散、消失和消亡，或者陷入和迷失在好逸恶劳的泥沼之中。"

Atari公司的创始人、电子游戏之父诺兰布歇尔在被问及企业家的成功之道时，这样回答道："关键便在于抛开自己的懒惰，去做点什么，就这么简单。很多人都有很好的想法，但是只有很少的人会即刻着手付诸实践。不是明天、不是下星期，就在今天。真正的成功者是一位行动者，而绝不是什么空想家。"

勤奋并不等于高效

俗话说，打蛇打七寸。做事，也一定要做在点子上。凡事分清主次，合理分配时间，你才能取得最大的成绩。

我们上学时会经常发现一些学习好的学生并非天天坐在那里死读书，他们往往对其他方面也很感兴趣，多才多艺，爱好广泛。而一些看上去很认真的同学，成天在那里埋头苦读，但是成绩却不甚理想。原因何在？我们不否认，其中有天分差异的存在，但是，还有一点就是，成绩好的同学更讲究方法，知道如何使自己的学习更有效率。而成绩不好的同学也并非不用功，只是他们的学习方法不对。

学习，靠的是效率，而不是时间。聪明的同学会在最短的时间内让自己记住最多的知识，他们的注意力往往非常集中，解答问题也很快。而那些用功但成绩却不好的同学上课时往往开小差，然后再花费大量的课下时间去补习，功夫费了不少，但效果却不怎么明显。

所谓的效率，就是在最短的时间内做最多的事，不仅仅是学习，在生活以及工作中也是如此。而提高效率，最重要的就是要分清轻重缓急。任何一件事，其各种因素中肯定有主要部分和次要部分，只要你能抓住主要部分，那么就等于抓住了事物的关键。而如果不分主次，眉毛胡子一把抓，力气倒是费了不少，但是结果却差强人意，就像不会学习的学生，花了不少时间，成绩却不甚理想一样。

如果你想在最短的时间内做更多的事，那就一定要抓住重点。有一次，一家公司的经理前去拜访卡耐基，见到他干净整洁的办公桌很是惊讶。他问卡耐基那些没有处理完的信件放在哪里。卡耐基说他把所有的信件都处理完了。

这位经理感到很惊讶，又问他那些没有处理的事情推给谁了。卡耐基微笑着回答：“我把所有的事情都处理完了。”他看到那位经理满脸困惑的样子，接着解释说：

“原因很简单，我知道自己处理的事情很多，但精力却有限，于是就按照所处理的事情的重要性列一个顺序表，然后一件件地处理。”

这位经理听后，对卡耐基表示了感谢。几周之后，这位经理请卡耐基参观他的办公室，并对卡耐基说，以前他的办公室里各种要处理的文件堆得如同小山一样高，一张桌子都不够用。而自从他用了卡耐基教授的方法以后，就再也没有那种现象了，因为每次他都可以把自己的事情处理完，所以现在，他的办公室也变得宽敞整洁了。这位经理学会了这种处理事务的方法，并将其应用到工作中，结果没几年，他便成为美国著名的成功人士。

人与人之间的贤愚差异并不在头脑，而在于能否有洞悉事物轻重缓急的能力，只要抓住做事的关键，就会事半功倍。但是，我们大多数人却没有这样的习惯，在我们的头脑里，做事有效率就是在最短的时间内做最多的事，哪怕那些事都不重要。

如今，越来越多的人谈到“时间管理”，也就是如何才能充分利用我们手中的时间，如何提高时间的利用率。这也就要求我们做事一定要抓住关键。但是，我们大多数人却往往相反，把关键的事留在最后去做。原因是越是关键的事，在处理时一般也越棘手，所以我们便一拖再拖。这完全是一种自欺欺人的做法，无论如何，那些事都是我们所必须做的，也是躲不掉的，所以还不如提前将其解决。

但是，事情往往纷繁复杂，我们又如何来分清哪些是主要，哪些是次要呢？一般情况下，有两个判断标准：

其一，我们必须做什么？

这里面又有两层意思：是否必须做，而且必须由自己来做；还是非做不可，但是可以委派他人去做，而自己只负责监督就够了。

其二，什么能给我带来最大的利益，什么让自己最有成就感？

分清了这一点，就可以来合理分配时间。将自己80％的时间用来做能给自己带来最大利益的事，用20％的时间来做其他的事。给自己带来最大利益的，也未必能让自己得到最大的满足，只有均衡和谐才能带来满足。如果所有的事都经过这样的分解，那么工作就再也不会是一件让人头疼的事，而成为一件充满乐趣的事了。

扎心，时间给每个人的都不是每天24小时

播种思想，收获行动；播种行动，收获习惯；播种习惯，收获成功。养成良好的习惯，将会让你一生受益。

“铁娘子”英国首相玛格丽特·撒切尔是一个很有影响力的人物。她曾经在接受记者采访时说：有时事务太忙，我也感到吃不消，但是生活的秘诀实际上在于把90%的生活变成习惯，这样你就可以习惯成自然，就像早晨起床后你想都不用想就去刷牙，这是习惯。

我们在日常生活中的表现，95%是习惯性的。钢琴家用不着决定该弹哪一个琴键，舞蹈家用不着“决定”脚往什么地方移动。他们的反应是自然而不需要思考的。同样，我们的态度、情感和信念也是容易变成习惯的。过去我们学到：特定的态度、感觉和思维方式是与特定的环境相适应的。现在，只要面临我们认为是同样的环境，往往按照同样的方式去思考、感觉和行动，这就是习惯的力量。

要想改变自己的命运，首先要改变自己的坏习惯，培养好习惯。一个坏习惯多于好习惯的人，他的人生是向下沉沦的；而一个好习惯多于坏习惯的人，他的每一天都是积极的、充满活力的。

“早睡早起好习惯”这是一个类似童谣般的每个人都习以为常的一句话，却是一句很有道理的话。

经过一夜的休整，人们的身体得到全面的放松，精力充沛，头脑清醒，记忆力也进入最佳状态，而且早上空气清新，比较适合人们进行锻炼，有利于身体健康。不过，也有人认为进行充分的休息才是保持健康的关键，无论哪种观点正确，至少有一点可以肯定，那就是人们的精神状态在早上起床后是最好的。

谁能够起得早并做好一天的工作计划，而且及早按计划行事，那么他一整天的工作就会很顺利。因为他抓住了时间的缰绳，也一定会走在时间的前面，驾驭好自己的工作。而那些行事拖拖拉拉的人做事总是慢一拍，深受拖拉之苦。早早地做好准备投入一天的工作中，饱满和兴奋的情绪会给人的思想和言行注入令人振奋的力量，使人一整天都干劲十足。那些起得晚的人总是为自己开脱，说他们和那些起得早的人干的活一样多。这样说可能有一定道理，但是总的来说，早起的人一整天都会生气勃勃，干劲十足，工作效率也就更高。

培养一种勤奋的习惯也是一种成功的基础。唯有勤奋才能使一个人充分发挥自己的才能，享受到人生的欢愉。圣保罗告诉我们："这是对你们的要求，谁要是不工作的话，他也不应该吃饭。"看起来这是至理名言，就像2000年前一样，任何一个身心健康的人，只有劳动才有资格活在这个世界上。

勤，总是同"苦"字联系在一起的。而甘于吃苦，一辈子勤奋努力，没有一点韧性，是很难做到的。在我们勤奋工作时，尽管还没得到成功的报答，却已先磨炼了自己的意志，培养了自己的坚韧，这难道不是一种收获吗?

北宋史学家司马光每天都早起，怕睡过头，他给自己做了一个圆木的枕头，枕这种枕头，只要稍微动一下，枕头就滚开，头就落在木床上，人就会惊醒。司马光把这个枕头叫作“警枕”，意在鞭策自己，不可松懈懒惰。

18世纪法国哲学家布丰25岁时定居巴黎。他有晚起的惰性，想克服，终未见效。后来他请了一个彪悍的仆人来监督自己。他和仆人讲明：不管他晚上多迟才睡觉，每天早上5点必须把他叫醒，叫不醒他可以拖他起来。他要是发脾气，仆人可以动武。如果仆人没有做到，要受罚。这位仆人忠于职守，终于使布丰每日清晨即起，看书、运动。

业精于勤而止于惰，勤奋从来就是一切成功者共有的品格。天下没有不劳而获的东西，所有的一切，都要靠勤奋努力去获取。

有了勤奋的良好习惯，还应该有良好的时间观念。我们每个人一天都拥有24小时，但在这同样的时间里，不同的人有不同的收获。“天道酬勤”就是说老天爷会眷顾那些勤劳的人。时间是笔无形的财富，你要学会充分利用它。浪费时间是可耻的，因为时间是世界上最宝贵的东西，它如流水，一去不复返。古语云：一寸光阴一寸金，寸金难买寸光阴。可见我们的祖先早就意识到这个问题了。

朱自清曾在著名的散文《匆匆》里这样写道：“洗手的时候，日子从水盆里过去；吃饭的时候，日子从饭碗里过去；沉默时，便从凝然的双眼前过去。我觉察他去得匆匆，伸出手遮挽时，他便从遮挽着的手边过去；天黑时，我躺在床上，他便伶伶俐俐地从我身上跨过，从我的脚边飞过。等我睁开眼和太阳再见时，这又算溜走了一日。我掩着面叹息，时间又开始在叹息里闪过了。"

时间的流逝就是这样无情、可怕，没有人可以挡住他们的脚步。赫胥黎曾很形象地说过："时间是最不偏私的，给任何人都是24小时；同时时间也是最偏私的，给任何人都不是24小时。"而聪明人总会千方百计地利用时间，好多卓有成就的人都是珍惜时间的典范。曾有人夸赞鲁迅是天才，鲁迅却说，哪里来的天才，我只是把别人喝咖啡的时间都用在了写作上。只有懂得珍惜时间的人，才懂得生命的可贵；只有懂得充分利用时间的人，才能取得更加骄人的成绩。

心用在哪里，哪里就有时间

其实时间就像海绵里的水，只要挤，总是会有的，只是需要决心和恒心。更为关键的还在于如何设法得到这一小时，并能有效地利用它。不要小看这一小时的作用，如果能持之以恒，它将给我们带来巨大的成就。

世界上最值钱的珍宝也许价值连城，但对于我们而言，最值钱也最有可能抓到手的不是珍宝，而是时间。再珍贵的珍宝都不可能与时间的价值相提并论。那些成功的人也许没有珍宝收藏，但他们却懂得收藏比珍宝更有价值的时间。他们不会浪费自己的时间，更不会浪费别人的时间，这是他们对待自己和他人的态度。

曾经看到一个故事说，在富兰克林报社前面的商店里，一位犹豫了将近1个小时的男人终于开口问店员了："这本书多少钱？"

"1美元。"店员回答。

"1美元？"这人又问，"你能不能少要点？"

"它的价格就是1美元。"店员说。这位顾客又看了一会儿，然后问："富兰克林先生在吗？"

"在。"店员回答，"他在印刷室忙着呢。"

"那好，我要见见他。"这个人坚持一定要见富兰克林。于是，富兰克林就被找了出来。

这个人问："富兰克林先生，这本书你能出的最低价格是多少？"

"1美元25美分。"富兰克林不假思索地回答。

"1美元25美分？你的店员刚才还说1美元1本呢！"

"这没错。"富兰克林说："但是，我情愿倒给你1美元也不愿意离开我的工作。"这位顾客惊异了，他心想：算了，结束这场自己引起的谈判吧。他说："好，这样，你说这本书最少要多少钱吧？"

"1美元50美分。"

"怎么又变成1美元50美分？你刚才不还说1美元25美

分吗？”

“对。”富兰克林冷冷地说，“我现在能出的最好价钱就是1美元50美分。”这人默默地把钱放到柜台上，拿起书出去了。这位著名的物理学家和政治家给他上了终生难忘的一课：对于有志者，时间就是金钱。

富兰克林指出：“记住，时间就是金钱。假如说，一个每天能挣10个先令的人，玩了半天，或躺在沙发上消磨了半天，他以为他在娱乐上仅仅花了6个便士而已。不对！他还失掉了他本可以挣得的5个先令……记住，金钱就其本性来说，绝不是不能增值的。钱能生钱，而且它的子孙还会有更多的子孙……谁杀死一头生仔的猪，那就是消灭了它的一切后裔，以及它的子孙万代；如果谁毁掉了5先令的钱，那就是毁掉了它所能产生的一切，也就是说，毁掉了一座英镑之山。”

富兰克林的这段名言通俗而又直接地阐释了这样一个道理：如果想成功，必须重视时间的价值。

时间属于登攀不息的人。那些徘徊在知识宝库门外的“散兵游勇”，白白消磨了自己的宝贵生命，那些走到知识宝库的门口，轻轻地叩一下门或伸进头去看一眼，就自以为登堂入室，而不肯继续登攀的人，也只能白白浪费大好光阴。就是在科学上取得了杰出成就的科学家，也还要不断登攀。

历史上一切有成就的人，无一不是珍视时间的人。巴尔扎克在20年的写作生涯中，写出了90多部作品，塑造了两千多个不同类型的人物形象，他的许多作品成了世界名著。他的创作时间表是："从半夜到中午工作。就是说，在圈椅里坐12个小时，努力修改和创作。然后从中午到4点校对校样；5点钟用餐。5点30才上床，而到半夜又起床工作。"有时手指写得麻木了，两眼开始流泪，太阳穴在剧烈跳动，他喝一杯咖啡，又继续写；有时，他一天只睡三四个小时，他曾经一夜写完《鲁日里的秘密》、3个通宵写好《老小姐》、3天写出《幻灭》的50页开头。有一次，他写作了十几个小时，实在支持不住了，就跑到朋友家，一头栽倒在沙发上，请朋友一小时后叫醒他。后来，因误了时间，气得他大发脾气。巴尔扎克说，写作是"一种累人的战斗"，就好像向堡垒冲击的士兵，精神一刻也不能放松。一些传记家介绍说："每三天他的墨水瓶必得重新装满一次，并且得用掉10个笔头。"牛顿、居里夫人、爱因斯坦、爱迪生等都是一些连坐车、散步、等人、理发时间都用于思考问题的专家。

宋代文学家苏东坡有这样的诗句：“竹中一滴曹溪水，涨起西江十八滩。”汇涓涓细流以成大海，积点滴时间以成大业。事物的发展变化，总是由量变到质变的。“点滴”的时间看起来很不显眼，但这些零零碎碎的时间积累起来却大有用场。史书上记载了陶宗仪积叶成书的故事。陶宗仪是元末明初人，他在江苏松江做乡村教师时，亲自耕田种地，休息时，常把自己的治学心得、诗作、所见所闻，随手写在摘下来的叶子上，放进瓮里。满了就埋在树下，如此日复一日、年复一年，装满了10多瓮。后来，他将这些瓮挖出来，将叶子上的文字摘录、整理，这就是我们今天看到的共有30卷的《辍耕录》。知识做梦做不来，伸手要不来，只有靠刻苦学习、日积月累。

历史学家吴晗曾说过：“那些年想找个比较长的完整时间写东西或写文章，这个不现实的想法，害苦了自己。老是在等，总等不来，能利用的时间也就轻易地滑溜过去了。如今，不这样想了。一有时间就写，集零为整，许多零碎时间妥善地利用起来，不就是一个大整数？这笔账过去不会算，自己想想，真是蠢得可以。”平时，我们常想一篇很有价值的论文、一部想象丰富的科幻小说、说服力强的政论文的作者是从哪里搜集这么多的资料呢？其实这绝非朝夕之功，而是日积月累、辛勤劳动的结晶。没有平日的艰苦努力，企图在一天早晨突然成为世界上智力超凡的人物，那只能是空想。

任何人的时间都是无价的珍宝，一旦失去就永远都不会再有。所以，我们需要抓住这个可以给我们带来财富的家伙，不要白白地让它溜走。

对于自己的时间我们应该珍惜，对于别人的时间我们依然要珍惜。否则，我们就成了最可恶的小偷。鲁迅先生曾说过："时间就是生命。无端的空耗别人的时间，其实无异于谋财害命的。"每个人既要爱惜自己的时间和精力，也要爱护他人的时间和精力，这是人类的基本公德，也是对生命的基本尊重。对于时间和精力观念强的人来说，当别人浪费他的时间和精力时，他往往会发火，即使表面上没有露出来，尤其是那些高素质人才都不愿意把宝贵的时间浪费在无聊琐碎的事情上，对无聊、琐碎的小事都有一种本能的拒绝与厌恶。人们要善于理解和尊重别人珍惜时间、精力的美德。通常不要做长时间的拜访。长时间的拜访都会浪费一些时间和精力，很多时候，有事只需电话交流一下就可以，根本就不必拜访。一般的会谈，基本上一个小时就足够了，多于一个小时的会谈，往往是低效的。我们要摒弃“慢慢来”的观念，要以快速办事作为基本的道德。做一个干脆利落、重视效率的人。

你如何过一天，就如何过一生

虽然每个人的时间是非常有限的，但是通过合理的安排总会得到更多的时间。用这些节省出来的时间去做自己想做的事，那应该是非常令人愉快的事情。我们可以不计较付出这些时间得来的报酬，但是只要我们能持之以恒，总会有很多我们意想不到的收获。

一个真正懂得时间管理的人，应能依事情的轻重缓急来定时间的先后顺序。这样，当重要事件发生时，才能不慌不忙地一一处理。这样的人才叫懂得时间管理观念的人，才是时间的主人。

事实上，管理时间的方法有很多，在此提供几个较实用的方法：

1. 善用剩余时间。什么叫作剩余时间？就是所谓的“角落时间”，5分钟、10分钟，别小看它，积累起来也占了大半天呢！

譬如前几天去麦当劳用餐，用完餐后顺便上洗手间，发现麦当劳的女厕所好像因间数少，而一直那么挤，那天也不例外。这时突然看到一个也在排队的女孩儿，她正乘机和排在她前面的一个女孩做推销，不知道她的推销有没有成功，但是利用剩余时间来创造一些价值，绝对是聪明的做法。

又如，经常可以看见许多学生都会在等公共汽车或坐地铁时背英文单词。相比之下，他们可能比那些交钱去补习班学一年英文的学生还要有效率得多，因为这些“剩余时间”其实就是让你比别人更进步的有效途径。也许有人会问：“我怎么知道一天的剩余时间有多少？”

这就牵涉到做记录的问题了。如果你决定做时间的记录，很简单，从每天一大早起床开始，每15分钟便做一次记录，到了晚上临睡前，再把这张纸摊开来看。哇！好多空白，原来你花在发呆、做白日梦、不知所措上的时间那么多，甚至整个晚上只记了3个字——看电视。这么清楚明白地做了记录后，剩余时间有多少不就一目了然了？

2. 减少时间的浪费。如果要去玩儿，是走这条路好，还是走那条路好？说不定还有更快的！做任何事时都先计划一下，无论是出去郊游还是逛商场购物，在一楼弄清楚要上几楼，否则乱走乱逛的，就会浪费很多时间。

另外，做计划一定要有工具。最好随时携带笔记本，家里有日记本，办公室还有周记本、月记本，甚至年度计划本。有人可能又要说了："人生已经这么乏味了，如果做什么事都要计划，岂不更无聊！"

可是，能规划的永远只是人生可以掌握的，可以想得到的一些事，人生还有太多始料未及的意外是完全无法掌控的。

3. 创造时间的使用价值。时间的使用价值，大多来自个人的价值判断与认知，重要的是要知道在轻重缓急间如何取舍。譬如家人和朋友孰重？私事和公事哪样得先处理？有了比较清楚明确的价值判定后，就不会有太多紧张、担心、犹豫不决，能放心大胆地去做该做的事。

而在决定时间的排序时，什么事紧急又重要，什么事重要却不紧急；什么事紧急却不重要，什么事不紧急又不重要。概念理清，是应具备的基本能力，这样便不易慌乱。当然，最重要的是要知道生活的目标，因为时间管理和自己的目标设定息息相关，必须知道自己有什么梦想、希望要实现？什么时候要完成？而在努力完成的过程中，时间的价值便创造出来了。

4. 学习自我承诺。中国人较无时间观念，就以喜宴来说，常常红贴上明明印着6:30入席，但是7点钟到还不算迟，直到7:30才开始正式入席。德国人则是最讲究时间观念的，他们和好友约在中午见面聊天，结果对方只迟了3分钟到达，另一个朋友就会板着脸说："对不起，我再不要和你做朋友了。"

以上这些方法可以让我们在对待时间的问题上有所改进，帮助大家成为时间的主人，早日实现自己的理想。

你有多少时间被诱惑勾走了

什么叫有准备？就是珍惜当前的每一分钟，不虚度、不拖延。无论你的人生有多长，都要一分钟一分钟地过。只要你抓住了当前的每一分钟，你也就掌握了自己的人生！

一位先生陪太太去某个大商场买皮衣，那层楼所有的柜台上都摆放着各种各样、琳琅满目的皮衣，两个人转来转去，眼睛都有些花了，最后还是有几件入眼的。可是确定要买的时候，又总觉得这件样式虽好，颜色却不好看；那件颜色漂亮，价格又有些贵了点；换一件颜色、式样、价格都适合的，穿在身上又觉得不是很合身……就这样，两个人在商场里整整转了一个上午，连一件皮衣都没有买上。最后太太决定暂时不买了，等过一段时间再说。

这件事让这位先生大受启发，后来太太再要他陪着去买皮衣时，他就建议去某某专卖店。那家专卖店不是很大，但货色却比较精致，更为关键的是：品种有限。结果不到一小时，太太就看中了一件，立即买了下来。

很多时候，不是我们没得选择，而是可供选择的太多了。同样的道理，工作中的我们总觉得时间不够用，以至于完不成工作。其实不是这样的，恰恰相反，就是因为我们的时间太充裕了，以至于让它白白流走。

古希腊的哲学家说过：人不可能同时踏入同一条河流。因为流水在不断地流逝，时间就如同这流水一样，没有一刻是可以重复的。时间也是计算生命的单位，一个人一生所拥有的时间就是他生命的长度。时间和生命就这样紧密地联系在了一起，浪费时间就等于浪费自己的生命。

在商品经济高度发展的今天，时间也是计算金钱的单位，要得到别人规定时间的劳动就要付出一定的金钱代价。时间成为衡量劳动的一个重要标准，而我们必须为劳动付出代价。这样，你付出了不同时间的劳动就能得到不同的报酬。因此，在工作中浪费时间，也就是等于在浪费金钱。

其实时间本身并没有价值，它的价值本身在于每个平等的时间里创造出不平等的价值，所以不同人的时间也就有了不同的价值。其中的区别在于同样的时间是如何被合理、有效地利用。

如果不珍惜时间，这不仅仅是丢失金钱和生命的问题，它还让我们人生的质量大大下降。敷衍拖沓、整天无所事事，把原本早应该做完的事情一拖再拖，而这样只会让事情越积越多。这样会给人带来很大的压力，久而久之会产生厌烦、懈怠的工作情绪，形成一种恶性循环。拖延并不能节省时间，反而因为在焦虑和压力中消耗了精力，工作效率低下，白白浪费了宝贵的时间。

一位名叫富兰克林·菲德尔的人曾经精辟地指出："成功和失败的分水岭可以用这么五个字来表达——我没有时间。"成功者都是善于运用时间的高手，他们懂得时间的巨大魔力，这能让他们取得更大的成功。

在当今这个生活节奏紧张的年代里，人们似乎每天都没有充裕的时间去做完想做的事情，所以很多念头都被打消了。但世界上仍然有很多人保持着珍惜时间的好习惯，坚持每天至少挤出一小时来提高自己，哪怕只有一个小时。不要轻视这一小时，许多人之所以成就了自己的卓越，就是因为每天多用了一个小时的工夫。

休格·布莱克进入美国议会前，并没有受过高等教育，但他每天都抽出一小时浏览群书，包括政治、历史、哲学、诗歌等方面的书。数年如一日，就是在议会工作最忙的日子里也从未间断。后来他成为美国最高法院的法官，这时的他已经是最高法院中知识最为渊博的人士之一。他的博学让美国人受益匪浅。

一位叫威尔德的美国人，已经五十多岁了，他前半生奋斗了三十年，成为世界织布界的巨头之一。尽管生意上非常繁忙，他仍然坚持自己的爱好：每天花一个小时的时间去画画。因为实在有太多的事情需要他去处理，为了保证一个小时的时间不受干扰，唯一的办法就是牺牲睡眠时间。他每天5点前就起床，一直画到吃早饭。他乐此不疲，把顶楼改成了画室，几年来从不放过早上的一小时。后来他的油画在画展上出现了，还举办了多次个人画展。他的作品得到了大家的肯定，其中几幅画被人以高价买走。他用卖画所得的收入设立了奖学金，用来鼓励那些从事艺术创作的优秀学生。

有一位普通的电梯维修工，在他40岁的时候对物理学产生了浓厚的兴趣。每天下班以后到吃完饭前，他总要花一小时的时间攻读物理学方面的书籍。随着对物理学的不断研究，在1948年，他提出了建立一种新型粒子加速器计划。这种新型的加速器比当时其他类型的加速器造价便宜还强而有力。他把计划递交给美国原子能委员会做实验，又经过改进，这台加速器为美国节省了7000万美元。电梯维修工因此得到了10万美元的奖励，这比他10年的工资还要多，接着他还被聘请到加州大学放射实验室工作。

其实时间就像海绵里的水，只要挤，总是会有的，只是需要决心和恒心。更为关键的还在于如何设法得到这一小时，并能有效地利用它。不要小看这一小时的作用，如果能持之以恒，它将给我们带来巨大的成就。

摩根有这样一段话："放弃时间的人，时间也同样放弃了他。"是啊，今天是短暂的，它只有24小时；或只有1440分钟；或只有86400秒。这当中，除了睡眠和吃饭，所剩下从事学习和工作的时间只是一个常数，你浪费一分钟，它就少一分钟；浪费一秒钟，它就少一秒钟。

如果在我们的工作中，我们能够把每一分钟都当成最后一分钟，那么我们就会更加珍惜每一分钟，我们的成功就会加快步伐。

一分钟可以有这些作用：一分钟可以用来鼓励一个人或使之气馁；一分钟足以让人重新选择生活；一分钟有时似乎无足轻重，但当我们向一位永远离去的朋友致敬时就会重视这一分钟；上班是否迟到取决这一分钟时，我们就会珍惜这一分钟；我们也希望时间能多送一分钟给那些将离我们而去的人；在危急时刻，短短的一分钟里甚至可以拯救一条生命。一分钟似乎非常短暂，但有可能在我们的生活中留下深深的印痕。

浪费时间就是挥霍生命。正如摩根珍惜自己的时间一样，许多成功者都是这样，既不浪费自己的时间，也不会浪费他人的时间。浪费时间是生命中最大的错误，也是最具毁灭性的力量。大量的机遇就蕴含在点点滴滴的时间之中。浪费时间是幸福生活的扼杀者，是绝望生活的开始。实际上，明天的幸福就寄寓在我们今天点点滴滴的时间中。

我们常在招待过程中发现，每次约定了时间，总会有人迟到，匆忙跑进来，然后道歉不已。这样没有时间观念的人，给人第一印象就不是那么好，属于没有修养的表现。因此，要与人约会一定要比预定的时间更早一些出门，要把路上可能发生的事(如塞车、停车问题……)所浪费的时间都包含在内。

在采访一位商业人士时，他说过这样一段话："在车上时每遇红灯，我就会把当日报纸拿出来看看大标题、看重点，以便知道世界上发生了什么事；同时，我的耳朵也没闲着，平时我习惯一上车就开始放社会大学的录音带(自我充电);但是，精神较紧张时，则会选听一些开发潜意识的音乐CD。眼睛在顺便看街景时，偶然有什么感触、想法或创意时，一遇上红灯便会抽出名片或小记事本来写下心得。比起许多人塞车、等红灯时的心浮气躁、破口大骂，我的做法是不是比较具有创造性及建设性呢？"

播种一个行动，你会收获一个习惯；播种一个习惯，你会收获一个个性；播种一个个性，你会收获一个命运。

[普德曼]

我之所以能有今天的投资成就，是依靠自己的自律和别人的愚蠢。

[巴菲特]